TAXISTA EN NEW YORK

Aventuras de un Chalaco
en la ciudad de los rascacielos

José Manuel Herrera Tamines

Reservados todos los derechos. No se permite la reproducción total o parcial de esta obra, ni su incorporación a un sistema informático, ni su transmisión en cualquier forma o por cualquier medio (electrónico, mecánico, fotocopia, grabación u otros) sin autorización previa y por escrito de los titulares del copyright. La infracción de dichos derechos puede constituir un delito contra la propiedad intelectual.

El contenido de esta obra es responsabilidad del autor y no refleja necesariamente las opiniones de la casa editora. Todos los textos e imágenes fueron proporcionados por el autor, quien es el único responsable por los derechos de los mismos.

Publicado por Ibukku, LLC
www.ibukku.com
Diseño de portada: Ángel Flores Guerra Bistrain
Diseño y maquetación: Diana Patricia González Juárez
Copyright © 2023 José Manuel Herrera Tamines
ISBN Paperback: 978-1-68574-469-4
ISBN Hardcover: 978-1-68574-471-7
ISBN eBook: 978-1-68574-470-0

ÍNDICE

PRESENTACIÓN	7
MIS AÑOS DE JUVENTUD	17
EN BUSCA DEL SUEÑO AMERICANO	21
INICIO DE MI AVENTURA EN EL TAXI AMARILLO	27
DE COMPRAS POR LA ZONA DE TIMES SQUARE	33
MERECIDAS VACACIONES	42
MI PRIMERA ANÉCDOTA EN EL TAXI AMARILLO	46
ASALTO CON PISTOLA	49
EL MISTERIOSO HOMBRE DE LA CAPA SIN ROSTRO	56
MI SEGUNDO CHOQUE	58
MUJER DROGADA	61
PASAJERA DESCARADA	63
UNA BRONCA INESPERADA	64
MUJER GESTANTE	66
EL ABOGADO DEL CASO WATERGATE	69
PAUL NEWMAN EL ACTOR	70
PERSECUCIÓN IMPROVISADA, DESENLACE INESPERADO	72
PÉRDIDA DE SORTIJA DE MATRIMONIO. PRIMÓ LA HONESTIDAD	75
CONECTIVIDAD SUTIL	77
REINA DE BELLEZA USA	79
PASAJERA DORMIDA	80
LA GRAN VICTORIA	81
COMERCIAL SUSTANCIAL CON UN FINAL FELIZ	86
RELAJAMIENTO CON CHASCO	88
DESAYUNO ALMUERZO CON ORDEN EXTRA DE SALCHICHAS	91
TRASLADANDO AL ENTREVISTADOR HOWARD COSELL	93

EL ATAQUE DE LAS TORRES GEMELAS	**95**
EMOCIONANTE, GRACIOSO Y SUSTANCIAL	**99**
FRUSTRACIÓN DE FANTASÍA SEXUAL	**101**
ADICTO A LA HEROÍNA	**103**
OFRECIMIENTO DE TABACO TIRADO A LA BASURA	**105**
LEYENDA DE LA COMICIDAD	**106**
TRASLADANDO AL ACTOR SIDNEY POITIER	**107**
TRANSPORTANDO A UN EX CAMPEÓN MUNDIAL	**108**
FALSO TRABAJADOR DE MTA	**110**
RECOGIENDO AL ACTOR ANTHONY QUINN	**112**
EXSACERDOTE RENUNCIÓ AL CELIBATO	**113**
RECOGIENDO A UN JEQUE ÁRABE	**115**
RECOGIENDO A UNA EJECUTIVA, ABUSADA DE VIOLENCIA DOMÉSTICA	**118**
OFRECIMIENTO FRUSTRADO	**120**
EJECUTIVO DE ZARA	**121**
CUADROS DE PINTURAS VALIOSAS	**124**
RECOGIENDO AL FAMOSO WALDEREDO DE OLIVEIRA	**126**

*A mi esposa Isabel,
que me ha acompañado en los últimos
doce años glamorosos de mi vida.*

PRESENTACIÓN

Los famosos *yellow cabs* (taxis amarillos en español) son un símbolo más de la ciudad de Nueva York. Su historia se remonta al año 1907, cuando a un caballero algo tacaño, Harry N. Allen, le pareció un robo los 5 dólares que pretendían cobrarle por un trayecto de escasamente kilómetro y medio hasta su casa. En realidad, Allen tenía razón (esos 5 dólares equivalen a unos 125 dólares de hoy en día), pero cierto es también que caminar un kilómetro y medio por la ciudad de Nueva York de principios del siglo XX no era tarea fácil. Muchas de las calles estaban aún sin pavimentar, otras estaban revestidas con unas losetas que resbalaban como si fueran de hielo. Lo más común era ver estas calles, repletas de todo tipo de inmundicias, ya que aún convivían en la vía pública la tracción animal y la motorizada.

Al final, los conductores cobraban lo que querían y, como tampoco existía una normativa sobre seguridad y confort, la calidad y precio del servicio dependía de la buena voluntad del chofer. Allen decidió que las cosas no podían seguir así, de modo que importó 65 coches franceses con motor de gasolina, y creó la New York Taxi Cab Company. Acababa de nacer el primer servicio moderno de taxis profesionales de los Estados Unidos.

Y no solo eso, también ordenó que todos sus coches se pintaran de un chillón color amarillo que llamara la atención; y para evitar que los clientes pudieran sentirse estafados, instaló taxímetros con tarifas unificadas. Además, redactó un protocolo de actuación y cortesía de sus choferes.

Sus servicios no eran baratos: 50 centavos por milla era un precio considerable para la época, pero los clientes, al menos, sabían a qué atenerse.

El éxito fue inmediato y pronto le surgió competencia a la Cab Company. La más dura fue la liderada por John Hertz, quien incluso permitía a los clientes conducir ellos mismos sus taxis. Con el tiempo este servicio sería el germen de la famosísima empresa de alquiler de coches que lleva su nombre.

Con los años, una serie de marcas de automóviles coparon la flota de taxis de Nueva york, iniciándose este servicio con las marcas Ford y General Motors. Morris Markin, un emigrante ruso que había llegado a los Estados Unidos en 1912, con 19 años, y sin hablar ni una palabra en inglés, se dio cuenta de inmediato del potencial que supondría cubrir esas necesidades. En 1922 creó la Checker Cab Manufacturing Company para fabricar solamente taxis y sus piezas de recambios. Y en menos de cinco años los Checker amarillos (con la característica banda lateral ajedrezada) se adueñaron de las calles neoyorquinas.

Markin era un tipo muy hábil y astuto. Ordenó a sus ingenieros, por ejemplo, que el techo de los Checker fuera lo suficientemente alto como para que los caballeros pudieran viajar sin quitarse el sombrero. También hizo que en el asiento posterior cupiera sin problemas un cochecito de bebé, de modo que las madres se sintieran cómodas en los taxis de Nueva York.

De la fábrica Checker de Kalamazoo saldrían taxis durante medio siglo. El 26 de julio de 1999 fue retirado oficialmente de las calles el último taxi Checker Marathon, con 994 050 millas (1 599 768 kilómetros) en su contador.

Un enorme Ford

El sucesor de los Checker para los taxis de Nueva York es el sedán Ford Crown Victoria de 1991. Se trata de un modelo diseñado inicialmente como coche de policía, aunque rápidamente fue adaptado también como *yellow cab* (taxi amarillo). Supera los cinco metros de largo, tiene una caja de cambios automática de cuatro velocidades y un motor 4.6 V8 de 220 CV que rara vez baja de los 15 l/100 km de consumo.

Finalmente, en septiembre de 2011, salía de la factoría Ford en St. Thomas el último Crown Victoria, incapaz de cumplir la legislación antipolución y castigado por unos consumos inasumibles. Se habían fabricado, hasta ese momento, 9,6 millones de unidades. En todo caso, los Crown siguen siendo mayoría en las flotas neoyorquinas y estarán en las calles de la Gran Manzana todavía durante bastante tiempo.

Un futuro japonés

El 2009 la ciudad de Nueva York decidió sacar a concurso la adjudicación del nuevo modelo de taxi que debía reemplazar antes de 2018, a los 13 000 taxis de todos los tipos y marcas que operan en la actualidad. Para escándalo de la industria americana, la ganadora fue Nissan con su modelo NV200.

Se trata de un monovolumen compacto, barato (su precio no llega a 30 000 dólares), con puertas correderas; tiene un completo sistema interior de *airbags*, un motor de cuatro cilindros 2.0 de bajas emisiones, techo transparente, tomas USB para cargar *smartphones*, tapicerías con tratamiento antibacterias para combatir los malos olores y un portón trasero habilitado para pasajeros discapacitados.

La elección cayó como una bomba en la ciudad de los rascacielos. El NV200 carecía por completo de carisma y, además, el Departamento de Transportes Públicos había prometido a Nissan un contrato de exclusividad por diez años, lo que el sindicato de taxistas consideraba inasumible.

En octubre de 2013 un juez federal les dio la razón: no podía obligarse a los profesionales a comprar un único modelo de coche y exigía al Consistorio que habilitara también otras alternativas.

En septiembre del año 2015, la implantación de los NV200 fue una realidad, aunque no una obligación. En todo caso, el objetivo es que, en breve, al menos el 80% de la flota sea Nissan.

Aunque la marca da igual, lo único que podemos afirmar a ciencia cierta sobre los futuros taxis de Nueva York es una cosa: seguirán siendo amarillos.

Hasta aquí he querido hacer una pequeña remembranza sobre los orígenes del que se puede catalogar como un ícono de la ciudad de Nueva York: *El taxi amarillo*, tan famoso no solo requerido por habitantes y turistas que han tenido la oportunidad de abordar algunas de sus unidades, sino porque ellos, por sí solos, se han hecho famosos, al aparecer sin proponérselo y sin consultarles, como extras en infinidad de películas cinematográficas de Hollywood, rodadas en diversas calles de la gran ciudad. Se puede decir que ellos constituyen parte del "paisaje natural de Nueva York, a cualquier hora, urbe "que no duerme, por eso denominada también "capital del mundo.

Modestamente me siento parte de una etapa de la historia de estos emblemáticos autos amarillos, en razón de que, desde el año 1980, inicié mi trabajo como conductor a mucha honra de este servicio especial de transporte de pasajeros. Por lo tanto, durante mis 38 años continuados de haberme dedicado fielmente a este servicio, es natural que en tanto tiempo haya tenido que experimentar una serie de anécdotas, divertidas en unos casos, pero en otros hasta cierto punto riesgosas en las que incluso estuvo en riesgo no solo mi integridad física, sino mi propia vida.

Por eso y, con la autoridad que me otorga la gran experiencia de vida adquirida durante tantos años de brindar este servicio en la ciudad de Nueva York, he efectuado una recopilación de anécdotas, aventuras, situaciones, circunstancias o hechos que resuenan en mi memoria y que pretendo permanezcan en el tiempo, porque definitivamente estos autos tienen su historia, y me considero parte de ella. En consecuencia, cuando algún día se cuenten mis vivencias, se diga que fui un personaje más de esta leyenda urbana: el taxi amarillo.

Ahora bien, como todo en la vida, también he podido experimentar el auge, la época dorada de este gran oficio y la gran oportunidad laboral que me permitió ganarme la vida; pero también vivir en carne propia lo que hoy podría llamarse, y lo digo con mucha nostalgia, el ocaso de mi querido *taxi amarillo*.

Antes de la pandemia por el COVID-19 y sus posteriores variantes como la Delta y hoy el Ómicron, los viajes estaban en una baja de

50%. Desde la pandemia, estamos cercanos al 90%. Los taxis amarillos eran omnipresentes en las calles de Nueva York, tan emblemáticos de la Gran Manzana como el edificio Empire State o las gorras de béisbol de los Yankees. Pero, tras dos años de pandemia de coronavirus, los taxis amarillos son cada vez más escasos y su futuro parece incierto.

Antes de la pandemia, había cientos de taxis amarillos en los estacionamientos de los aeropuertos de LA GUARDIA y JFK; hacíamos la fila afuera y esperábamos 20 minutos. Ahora somos 50, y esperamos dos horas. Con el teletrabajo generalizado de quienes acudían cada día a los barrios de negocios, el cierre de las escuelas y la paralización del turismo, la cantidad de viajes se ha derrumbado. Es duro: los ingresos cayeron un 80%. Antes se podía ganar quizás 1000 dólares por semana, ahora solamente 400 o 500 dólares.

La llegada de la competencia de Uber, Lyft y otras aplicaciones, han complicado la situación, mermando drásticamente las ganancias, que podían superar los 7000 dólares mensuales si trabajaban largas horas, siete días por semana.

Una de las características de fuerza de este negocio es el permiso de taxi denominado «medallón», que, en Nueva York en 2006, estaba cotizado en 410 000 dólares. En los años siguientes, el precio de los medallones se disparó, inflado por una nebulosa de banqueros, inversores y abogados. En 2009, se pagaba 750 000 y en 2014, los medallones alcanzaban el millón de dólares.

El éxito de Uber y sus rivales hizo explotar esta burbuja y condenó a la quiebra o a la deuda eterna a miles de choferes que habían comprado medallones a precio de oro. En el año 2018, al menos ocho choferes se suicidaron, lo cual puso en relieve su dramática situación. Fue en este contexto, y para mal de males, que llegó la pandemia a principios del año 2020 y sus efectos devastadores.

Antes de la pandemia, los viajes estaban en baja del 50%. Desde la pandemia, estamos cercanos al 90%. Los barrios de la ciudad más desiertos son los barrios de Manhattan, que los choferes más precisan para sus ingresos. En la misma circunstancia están los aeropuertos.

Ícono cultural

Los *taxis amarillos* se han tornado raros. Aunque aún hay 13 000 medallones atribuidos, solo 5000 taxis circulan actualmente, según el sindicato. Otros 7000 no salen de su garaje, «ya que hacerlos salir ya no es rentable», explica William Pierre, un taxista haitiano. Pierre sigue trabajando, aunque sus ingresos diarios oscilan apenas entre los 100 y los 150 dólares, y de eso debe entregar la mitad a la empresa a la cual alquila el taxi. «No quiero quedarme en casa, quiero estar afuera y alimentar a mi familia», dice. ¿Es posible que los taxis amarillos desaparezcan un día? Pierre piensa que los negocios terminarán por mejorar, aunque concuerdan en que nunca más será como antes.

Otro conductor, Bhairavi Desai teme que los taxis «desaparezcan progresivamente» si la alcaldía no acepta perdonar las deudas de los choferes. Su sindicato multiplica las protestas y decenas de taxis bloquearon brevemente el puente de Brooklyn. «En todo el mundo (...) sabes que estás en Nueva York cuando ves un taxi amarillo», dice. «Es un ícono cultural (...), un servicio 24/7 que es parte integral del tejido económico, social y cultural de esta magnífica ciudad».

El alcalde demócrata de Nueva York, Bill de Blasio, prometió que ayudará a los taxis si las arcas de la ciudad, vaciadas por la pandemia, son alimentadas por el gobierno federal. «Buscamos cómo ayudar a los conductores, pero precisamos (...) un plan de ayuda», declaró en una entrevista. Si el plan se concreta «abrirá la puerta a una solución». El actual alcalde, Eric Adams, quien asumió el cargo el 1° de enero de 2022, tendrá el reto de buscar una solución a la crítica situación del taxi amarillo, evitar la extinción de uno de los emblemas de esta gran ciudad.

La mayoría de los choferes de taxi de Nueva York, somos inmigrantes de primera generación. Soy peruano, nacido en la Provincia Constitucional del Callao, y vine a este país en el año 1970, como muchos, por la ilusión del sueño americano, sueño del que todavía no quiero despertar. Pese a todas las adversidades descritas, que podrían evidenciar un panorama sombrío sobre el futuro de estos autos, me atrevo a decir con mucha esperanza que todavía hay taxi amarillo "para rato. Por este motivo debo precisar que el propósito que me ha llevado a escribir este libro, no es únicamente para efectuar un repaso del auge y decadencia de este símbolo neoyorquino, me mueve una gran fuerza en mi interior por plasmar en forma escrita las innumerables aventuras (si cabe el término) de esos maravillosos años que me tocaron vivir frente al timón, y compartir con quien quiera conocer un poquito más sobre la historia de este emblemático servicio de transporte de pasajeros en la maravillosa ciudad de los rascacielos.

También debo manifestar como preámbulo que, después de muchos años de haber concluido mis estudios, me reencuentro de nuevo con la escritura, por lo que haré un esfuerzo por alinearme a la gramática moderna en español, toda vez que a través de la cantidad de años que vengo viviendo en Estados Unidos he tenido que expresarme y escribir en idioma inglés, por lo que ciertas palabras las he escrito en ese idioma, pero con su traducción correspondiente al español. Asimismo, si bien puedo decir que tengo una memoria privilegiada, debo precisar que muchas de las historias contadas aquí con lujo de detalles se debieron a mi costumbre de llevar una grabadora casi siempre. Sin querer me estaba proyectando para en un futuro registrarlas en un libro como el que ahora tiene usted, amable lector, el cual me permite trasmitir mis ideas y emociones sobre la vida en colectividad, porque al final pienso que cualquier escrito en el fondo encierra un mensaje y un propósito social.

Finalmente, las historias que aquí empiezo a contar, son las que considero más relevantes. Las he seleccionado tomando en cuenta un período de mi vida que abarca desde que me inicié como taxista profesional, hasta estos últimos años. Estos relatos no siguen rigurosamente un orden cronológico. Su secuencia se va dando conforme voy recordando una a una las historias.

VIDA Y OCASO DEL TAXI AMARILLO DE NUEVA YORK

MIS AÑOS DE JUVENTUD

Soy peruano de pura cepa. Nací en el Callao, puerto principal de mi querido Perú. Me crie y crecí en uno de los «barrios bravos» del Jirón Zepita; digo "barrio bravo" porque así se denominan a las cuadras habitadas por gente bien criolla, con palomillas de esquina y también de balcón. Con la fuerza que dan los años mozos, era hermoso disfrutar la vida en el puerto, bañarse en sus playas. Cómo no recordar Cantolao, los tantos chapuzones veraniegos, paladear el sabroso cebiche, los anticuchos, los picarones, el arroz con pollo, su gente, la collera del barrio... En fin, tantas cosas que añoro como si hubieran ocurrido ayer.

Cuando cursaba mis estudios de secundaria, gustaba leer el diario *El Comercio* (el de mayor circulación en Perú). Recuerdo que un día, en una de sus páginas, leí un artículo sobre el músico estadunidense Ray Charles, cantante, saxofonista y pianista, —pionero en el género de la música soul en la década de 1950—. El famoso cantante, perdió la vista a una edad temprana, resultado de un glaucoma, aparentemente diagnosticado; y, a pesar de esta adversidad, se encontraba triunfando en el circuito musical. Este descubrimiento del padre del *soul* me marcó tremendamente, y luego de una profunda meditación, me dije a mi mismo: «¿Cómo una persona invidente puede tocar piano y cantar al mismo tiempo?», por lo que decidí investigar aún más sobre su vida; y que al final sirvió como motivo para escribir una composición que debíamos realizar en el colegio. Dicha composición sobre Ray Charles, la realicé con el propósito de que a mis compañeros de clase, al conocer su historia, les sirviera de inspiración para progresar y ser mejores cada día, dejándoles el mensaje que al final, los estudios será lo único que los hará triunfar en la vida.

Debo contar con mucho orgullo que el texto que escribí sobre dicho músico —en cuya síntesis, resaltaba su gran lucha para lidiar contra la adversidad— mereció un premio a nivel secundario, ocupando el primer lugar en la categoría «Mejor narración». En él relaté que dicho músico tuvo una infancia incierta y dramática, pero aunado a su perseverancia y coraje, supo sobreponerse a los momentos tan duros que atravesó desde su niñez. Su padre falleció cuando Ray tenía 10 años y su madre falleció cuando él rondaba los 15 años; tuvo que digerir estos golpes fuertes en su vida, que con el trascurrir del tiempo tuvo efectos negativos en su salud. Su estilo particular y característico era su siempre carácter alegre natural, pero el mayor obstáculo que tuvo que superar fue el relacionado con la pérdida de su vista.

A pesar de la enfermedad de glaucoma que padecía, su madre, fue la persona idónea para su aprendizaje. Le buscó una escuela para no videntes, matriculándolo en un centro para aprender música en el estado de Florida, donde le enseñaron el sistema Braille y a leer y componer música. Aquí afloró su talento, pero acompañado de su gran perseverancia y pundonor, porque los invidentes tienen que aprender la canción, entender las notas, luego memorizarlas, y finalmente tocar la melodía. Considero a Ray Charles un hombre prodigioso.

En sus conciertos, realizados muchas veces en Nueva York, sabia subir y bajar las notas musicales a la perfección, cantaba con su clásica voz natural de barítono, tocaba el piano en forma magistral. En el campo de la música fue un hombre fuera de serie.

Por sus grandes éxitos en su trayectoria artística, la revista *Rolling Stone*, lo nombró en la posición 10, en una lista de clasificación de los 100 mejores artistas de la historia de todos los tiempos. Si bien tuvo un momento oscuro en su vida porque se dedicó a las drogas, también logró superar esta adicción, continuando su vida como todo un triunfador. Fue premiado con doce premios Grammy. Ray Charles falleció en su casa de California, el 10 de junio de 2004 a los 73 años, por una enfermedad hepática, dejando un legado familiar de doce hijos y 18 nietos. Su nota resaltante como filántropo, fue que dejó 20 millones de dólares destinados para tratamiento médico de niños ciegos y sordos. ¡A esto llamo un triunfo frente a la adversidad del siglo XX! Esto me quedó marcado como ejemplo de vida.

En la década de los años setenta, vivíamos una dictadura por el golpe militar de Juan Velasco Alvarado y, luego, depuesto por Francisco Morales Bermúdez. Muchos jóvenes estábamos desconcertados por la futura situación económica del país. En aquellos años, mi padre, don César Herrera, como regalo por haber culminado satisfactoriamente mis estudios de secundaria me regaló un viaje en avión a la calurosa ciudad de Iquitos, capital del departamento de Loreto, en nuestra selva. En aquel viaje, y, en una de esas noches de diversión y sano esparcimiento en un salón de fiesta, conocí a una bella chica que trabajaba como aeromoza de la línea aérea Trans Caribbean.

Tras varios momentos de charlas alternadas con bailes y refrescantes cervezas bien "heladitas", (porque en esta ciudad la temperatura supera los 30° grados) empezó a surgir una natural simpatía mutua. Luego de una extensa y entretenida conversación me dijo que ella radicaba en la ciudad de Nueva York, y, ¡oh, sorpresa!, sin que se lo pidiera, voluntariamente me invitó a visitar esa ciudad.

Este fue sin lugar a duda el impulso inicial, la gran fuerza que te llamó a soñar con algo tan maravilloso: conocer los Estados Unidos de Norteamérica. Por un instante me vi caminando por las calles de Nueva York, contemplando sus grandes edificios y famosos rascacielos. Conocer la ciudad de las grandes oportunidades significaría enrumbar mi vida hacia un nuevo horizonte. Un gran futuro me esperaba, y mejor aún paseando en grata compañía con la bella dama. Cuando desperté de mi recorrido imaginario, la respuesta y reacción fue inmediata.

Sin titubear y sin rodeos le dije tímidamente que su invitación me halagaba y que, para hacerla realidad, me presentaría a la embajada americana de Perú para tramitar mi visa, siendo más grande mi sorpresa cuando me expresó que el camino más fácil era que ella me podía otorgar una invitación como mi pareja. ¡Qué más podía esperar! Así que acepté y le dije que en el momento indicado viajaría a Estados Unidos. No pasó ni cuatro meses y me envió la invitación.

De más está decir que no lo pensé dos veces: alisté maletas y viajé a la gran ciudad de Nueva York.

EN BUSCA DEL SUEÑO AMERICANO

Al llegar a Nueva York y encontrarme con la bella dama, la relación seguía "viento en popa. Con el transcurso del tiempo consolidamos nuestra relación y decidimos casarnos. Teniendo en cuenta que mi decisión de viajar la tomé en un corto período y que recién había culminado mis estudios de secundaria, viajé sin haber seguido ningún estudio de nivel superior o técnico en mi país, pero igualmente debía cumplir mi meta; total la decisión ya la había tomado, y me encontraba en Estados Unidos. No había marcha atrás, así que... ¡a seguir adelante!

El primer trabajo que conseguí fue como cajero en un restaurante. El dueño era también peruano. Pensé que tenía cierta ventaja porque él, igualmente, debió haber atravesado por las mismas circunstancias y dificultades que cualquier recién llegado a esta gran ciudad, antes de ser propietario de su negocio propio. Como paisano, también podría comprenderme y apoyarme; sin embargo, al cabo de un corto tiempo me di cuenta de que era un trabajo muy rutinario sin ningún reto intelectual; lo que yo buscaba era hacer otras cosas que me otorgasen mejores satisfacciones, pero, como estaba dando mis primeros pasos en este país y dadas las circunstancias, debía seguir en el mismo trabajo hasta encontrar uno mejor.

Durante el desarrollo de mis labores, en ciertos momentos tenía que interactuar con los clientes del restaurante; circunstancialmente conocí a un ciudadano peruano que frecuentaba el negocio. En una de las charlas que sosteníamos le pregunté cuál era el trabajo que desempeñaba. Me dijo que era joyero y dueño de un taller en la Calle 47 (El centro de los diamantes). Pasó algún tiempo y continuaba en mi trabajo de cajero, a pesar de no encontrarme muy a gusto. No había más alternativa, debía continuar para poder sobrevivir en esta gran ciudad.

En una oportunidad, y, luego de entablar cierta amistad con mi paisano joyero, en una de sus visitas al restaurante (donde observó mi responsabilidad en el desempeño de mis labores), me propuso ir a su taller para que conozca su rutina de trabajo. Decidí visitarlo, y lo encontré diseñando el modelo de una joya que me dejó impactado por su gran belleza, pero también por la gran habilidad para trabajarla. Otra cosa que me dejó impresionado fue la gran cantidad de herramientas que utilizaba: mesas de trabajo, martillos, pulidoras y muchos otros elementos sofisticados. Rápidamente acabó el trabajo que venía laborando y me dijo: «Si tú quieres yo te enseño el arte del trabajo en joyería». La verdad, nunca había realizado ese tipo de oficios, pero al mismo tiempo vislumbré una gran oportunidad laboral, y como soy un hombre de retos, le dije que podía ir a su taller después de acabado mi trabajo. Estuvo de acuerdo, él me enseñaría el oficio, pero sin percibir ningún sueldo. Mi horario sería de las 16:00 horas hasta las 22:00 horas. Sin falsa modestia, puedo decir que él venía observando mi buen desempeño en mis labores, y que por mi juventud (en ese entonces frisaba los 23 años de edad) podría ser la persona idónea para que lo apoyara en su taller y así continuar creciendo como próspero empresario.

Transcurrió el tiempo y ello se convirtió en mi rutina; cumplida mi jornada en el trabajo del restaurante concurría al taller para aprender el arte de la joyería, nunca fallaba. Al paso de los días me pude percatar que mi amigo era una persona diáfana, tenía mucha paciencia para enseñar con lujo de detalles este oficio y, sobre todo, no se guardaba ningún secreto; es decir, nunca se mostró como una persona egoísta, muy por el contrario, me enseñó todos los trucos y secretos de este maravilloso oficio. Tuve la oportunidad de conocer en su entorno a muchos joyeros, excelentes diseñadores que laboraban en diversas compañías dedicadas al rubro de joyas en Nueva York. Algunos comentaban lo mucho que se habían esforzado por elaborar un diseño original y exclusivo, poniendo todo de su parte; no obstante, el «hijo de su madre del administrador» nos decía: «Pasa por caja porque ya no te necesito»; es decir, se copiaron las ideas de mis modelos y después fríamente dicen: «Ya no te necesito». Yo solo me limitaba a escuchar.

Uno de esos días llegó otro ciudadano peruano, amigo del dueño de la joyería. Me lo presentó y se quedó observando los acabados de los trabajos que yo hacía. Siempre nos poníamos a platicar, y en una de esas charlas amenas él me manifestó que trabajaba en la compañía Hammerman Brothers Jewelry. Al parecer le gustaba los acabados que yo hacía, por lo que me dijo: «Si en alguna oportunidad necesitaran a alguna persona en la empresa donde trabajo, te voy a recomendar para que te evalúen», y me motivó a seguir esforzándome para adquirir mayor habilidad y tentar abrirme paso en el arte de la joyería.

Llevaba aprendiendo este oficio año y medio, aproximadamente, cuando un día en forma inesperada, el amigo que me estaba enseñando en su taller me puso en una mesa con un equipo de cera y todos los instrumentos para diseñar una joya. Me dijo: «Te doy tres horas para que diseñes un modelo». En otras palabras, me tomó un examen para ver cuánto había aprendido de todo lo que él me había enseñado. Acepté el reto, me concentré al máximo y me puse a trabajar con toda mi energía. Recuerdo que diseñé una sirena con una flor en su mano derecha. Mi amigo observó detenidamente el diseño que había hecho, y me dijo: «Has pasado el primer examen, porque este oficio implica mucha dedicación y esfuerzo para que logres dominarlo».

El tiempo continuaba transcurriendo, cerca de dos años, y parece que "la hoja estaba escrita. Suena mi teléfono y era nada menos que el amigo que trabajaba en la empresa Hammerman Brothers Jewelry, para decirme que necesitaban un trabajador y que el supervisor de los joyeros quería conocerme. Ni corto ni perezoso me presenté a la empresa, conversé con el supervisor. Fue breve la conversación. Lo primero que me expresó fue: «La recomendación de tu amigo vale, pero, tienes que presentarte al departamento de reclutamiento y selección el día lunes». Luego de agradecerle por su fina atención le contesté que ahí estaría presente. En el día y hora acordados, cumplí con presentarme ante la persona indicada, quien me recibió muy cordialmente. «Siéntase como en su casa», fueron sus primeras palabras. Luego agregó: «El examen será sencillo y práctico. Pasaremos al segundo ambiente, donde le vamos a hacer la prueba del polígrafo. Siéntese relajado, le pondremos unos cables en los dedos de sus manos y otros alrededor de su cabeza».

Era la primera vez que me sometía a este tipo de pruebas. Supongo que lo hacían con el fin de verificar y asegurar contratar a una persona que cumpliese el requisito primordial en este tipo de trabajos, que es la honestidad, donde están en juego instrumentos y metales de mucho valor que lógicamente deben cautelar para asegurar su inversión. Como estaba interesado cooperé lo mejor posible para que la prueba se realizase siguiendo su curso formal. Hasta que comenzaron las preguntas. La primera fue: «¿Cuál es su propósito para trabajar en Hammerman Brothers Jewelry?». Le contesté que emplearía todos mis conocimientos para que esta empresa siguiese triunfando en el aspecto laboral. Segunda pregunta: «¿Qué nacionalidad tiene?» «Peruano». La tercera: «¿Qué fecha nació?». Respondí el mes, día y año de mi natalicio. La cuarta: «¿Es residente legal? ¿Cuántas personas pernoctan en su hogar?». Le conteste lo preciso y conciso: «Dos personas». La quinta pregunta: «¿Cuánto paga de renta?». Le contesté los números exactos de esa época (año 1978). Eso fue toda la entrevista, y me dijo: «La prueba ha culminado».

Al día siguiente, fui a buscar al amigo que trabajaba en la compañía. Estaba muy intrigado y tenía mucha ansiedad. Lo esperé en la puerta del trabajo antes de ingresar a laborar. Cuando vi que se acercaba a mí, le pregunté inmediatamente: «¿Pasé o no pasé la prueba?», respondiéndome inmediatamente: «¡Pasaste el examen!». Estaba loco de contento y cual niño que recibe un juguete salté en el aire, gritando de felicidad: «¡Lo logré!», grité. Por fin dejaría mi trabajo como cajero para empezar a laborar en una gran compañía: Hammerman Brothers Jewelry.

Esta compañía tenía como rubro de actividades la fabricación de alhajas de metales preciosos. Era increíble tener en mis manos tantas joyas preciosas de finos metales y gran acabado, pero, como quien dice, solo las veía pasar. Recuerdo con gratitud los ocho años de labor en la compañía, los que me sirvieron para ir estableciéndome en esta gran ciudad.

Todo iba de maravillas, había obtenido un buen trabajo, que me permitía vivir con tranquilidad; alquilé un apartamento, me alcanzaba para alimentarme y vestirme a la moda. Todo transcurría bien hasta que súbitamente los dueños, a mediados del año 1985, tomaron la decisión de encargar la fabricación de sus productos al continente asiático: Asia, China y Taiwán. La explicación, muy sencilla: era la época de la famosa mano de obra barata, en la cual las grandes empresas optaban por encargar a esos países la fabricación de sus productos. Como es natural las transacciones comerciales a nivel mundial iban cambiando minuto a minuto y las empresas se adecuaban a la realidad, buscando siempre conseguir mayor rentabilidad en sus inversiones. Fue así que, dada las circunstancias y entendiendo que nada es eterno ni dura para siempre, la compañía tuvo que reducir personal, alrededor de 300 trabajadores debían abandonar la compañía, entre los cuales yo figuraba como uno de los "elegidos".

«El mundo no se acaba, me dije, más bien sigue girando», me dije, y por lo tanto debía tomar otra dirección, así que también di un giro de ciento ochenta grados en mi vida y emprendí la búsqueda de un trabajo en otras empresas, Nuevamente empecé a recorrer las calles de Nueva York tocando las puertas de muchas compañías. En las diferentes entrevistas que tuve con los encargados de la selección de personal me preguntaban dónde había trabajado y simplemente les decía que había trabajado en la esquina de la calle 53 y la 5 avenida, en el edificio de la Rolex, en la compañía Hammerman Brothers Jewelry, en Manhattan. Era suficiente para que identificaran que venía de trabajar en una gran empresa, pero en todas me contestaban, por si acaso: «Aquí pagamos menos».

Toqué muchas puertas y, la verdad, ya no me gustaba mucho la idea de trabajar encerrado en cuatro paredes, lo mío era otra cosa: recorrer calles, edificios, museos, parques... En fin, ver las cosas maravillosas de esta gran ciudad, y me preguntaba cómo lograr este sueño, cómo dedicarme a lo que realmente quería hacer y que al mismo tiempo me sirviese como sustento de vida, cómo ir de un lugar a otro sin un horario fijo de ingreso ni salida. En resumen, tener la libertad de seguir disfrutando de cada rincón de esta gran urbe. Hasta que se me ocurrió la idea de conducir el famoso taxi amarillo. Pero al mismo tiempo recordaba mis vivencias en la compañía donde había trabajado, realmente era un buen trabajo.

En dicha empresa se trabajaba únicamente 35 horas a la semana. Cuando se incrementaba la cantidad de trabajo porque había que cumplir con una mayor demanda, nos ofrecían laborar el día sábado medio turno. Pagaban tiempo y medio los días sábados; además, al final de año nos otorgaban un bono de utilidades, más vacaciones pagadas. En resumidas cuentas, el trabajo de joyería fue fascinante. En mi caso consistía en trabajos de acabado en alto relieve. En síntesis y para ser sincero, añoro esos buenos años vividos en la empresa. Es un capítulo memorable y fuera de serie que marcó mi vida. En fin, así cambia el curso del destino de cada persona. Entrar a otra clase de actividad laboral, después de haber trabajado con platino, esmeraldas, zafiros, rubíes, diamantes, era para mí un cambio abismal y un gran reto, que ahora me tocaba afrontar con coraje y responsabilidad.

INICIO DE MI AVENTURA EN EL TAXI AMARILLO

Parece que hubiera sido ayer cuando emprendí esta gran aventura que significaba recorrer las calles de la gran ciudad de Nueva York, (más adelante voy a narrar cómo conseguí mi primer trabajo en este servicio). Cómo no recordar las calles de una ciudad tan ordenada. En mi país las calles y avenidas tienen nombres diferentes, pero en esta ciudad las calles tienen números intercalados con nombres diversos y, poco a poco, como dicen, con la boca abierta fui descubriendo las calles de los rascacielos, primero por curiosidad, luego por necesidad. Conocí las principales arterias y aprendí un poco de su historia, que paso a detallar.

Calle 42 de Nueva York

Esta calle tuvo su mayor auge después de terminarse la estación de tren Grand Central Terminal en 1913, poniéndose entonces de moda. Se edificaron grandes plazas y parques que le dieron esa fisonomía que ahora mantiene.

Si nos dirigimos por esta calle desde Times Square hacia el East River, encontramos los siguientes puntos de interés que se pueden visitar: Bryant Park, la biblioteca New York Public Library, la estación Grand Central Terminal, el edificio Chrysler, el Ford Foundation Building, el Daily News Building, y, por último, junto al río nos encontramos con la sede de las Naciones Unidas.

La avenida Madison

Es una de las avenidas más famosas y concurridas de la ciudad. Esta avenida es de dirección única y su longitud sobrepasa los 9 kilómetros. Principia por el sur desde el parque Madison Square y en su recorrido atraviesa barrios del Midtown, como el Upper East Side, la parte latina de Harlem y, finalmente, termina en el puente de Madison.

Esta avenida adquiere su nombre del cuarto presidente de los Estados Unidos, James Madison, que no solo dio el nombre a esta avenida, sino a una de las plazas donde empieza precisamente esta vía.

Esta avenida está muy ligada a la industria publicitaria, ya que aquí se asientan muchas de las empresas del sector, floreciendo el crecimiento de esta industria allá por la década de los años 1920.

En la avenida de Madison figuran, entre otros puntos de interés, la biblioteca Pierpont Morgan Library. También es punto de visita obligada el parque Madison Square.

Entre las calles 57 a la 85 de esta avenida podemos encontrar famosas *boutiques* de marca como son: Armani, Prada, Gucci, Christian Dior, etc.

La Séptima Avenida

La Sétima Avenida o Adam Clayton Powell —Jr. Boulevard como también es llamada— es una de las avenidas más importantes de Nueva York, siendo la que se cruza con Broadway para formar la plaza Times Square.

A lo largo de esta Séptima Avenida se distribuyen varios puntos de interés que podremos visitar, entre las que destacan la estación la Penn Station, el estadio Madison Square Garden, la Village Vanguard o el Carnegie Hall.

En general por esta avenida transita mucha gente, estando plagada de tiendas y comercios.

La avenida Lexington

Es otra de las grandes avenidas de Nueva York y normalmente los neoyorquinos se refieren a ella como «Lex».

La avenida de Lexington es de sentido único. Se inicia por la parte East Side de Manhattan. La longitud de esta arteria es casi de 9 kilómetros y atraviesa barrios tan populares y conocidos como Harlem, Carnegie Hill, Upper East Side, Midtown y Murray Hill. Al final la avenida termina en el parque Gramercy Park.

La Quinta Avenida

No solo es la más famosa de todo Nueva York, sino que posiblemente sea de todo el mundo, y popularmente se le conoce como «la "avenida de los millonarios», lo que nos da una idea de la exclusividad que nos podemos encontrar en esta vía.

Esta avenida normalmente marca la división entre el Este y el Oeste de la isla de Manhattan. También limita con el Central Park por la parte este.

Las tiendas más famosas de la Quinta Avenida

En esta avenida encontramos las más lujosas y famosas tiendas y boutiques de todo Nueva York, en tanto las más caras y exclusivas se encuentran en la parte sur de Central Park.

Entre las tiendas más destacadas, están la Apple Store, Armani o la famosa tienda de juguetes Fao Swarz. También por esta zona veremos la famosa joyería Tiffany & Co.

Otra zona muy exclusiva es la comprendida entre la plaza Washington Square hasta el edificio Flatiron.

En cambio, en la parte más central, que comprende desde el Flatiron hasta la catedral de San Patricio, destacan las tiendas de recuerdos y suvenires.

Hoteles míticos de la Quinta Avenida

Esta avenida es uno de los sitios donde encontraremos los hoteles más lujosos y famosos de todo Nueva York. Especialmente destaca el hotel Plaza, que es un hotel histórico, de los más antiguos.

«La Milla de los Museos» de la Quinta Avenida

Una zona de la Quinta Avenida es mundialmente famosa por tener alguno de los museos más importantes del mundo. Comprendida entre las calles 79 a 104 se conoce popularmente como «la Milla de los Museos».

En esta zona era donde podríamos encontrar viviendo a los millonarios más acaudalados de todo Nueva York, pero desde hace varios años, los diferentes museos que se han asentado en esta zona han ido comprando parte de sus edificios.

Entre otros museos de alto valor que podemos visitar en esta zona, sobresalen: el Metropolitan, Collection Frick, Guggenheim y el Museo de la Ciudad de Nueva York.

Otros puntos de interés de la Quinta Avenida

Otro punto fuerte de esta avenida, es que en ella están ubicados algunos de los edificios más conocidos y visitados de toda la ciudad. Entre los más resaltantes tenemos: el Empire State Building, la catedral de San Patricio, el Rockefeller Center y la biblioteca pública de Nueva York.

La Quinta Avenida como rutas para desfiles

Por esta avenida es muy popular que discurran gran número de desfiles durante el año, sobre todo los domingos en la época veraniega. Cuando se realiza un desfile se cierra esta gran avenida al tráfico.

Broadway

Broadway es otra de las avenidas más famosas de Nueva York, por albergar un buen número de teatros, teniendo en cartelera los mejores musicales del mundo. Casi todos se concentran a la altura con Times Square y se distribuyen por las calles aledañas. En total en esta zona se concentran unos 39 teatros.

Entre los musicales disponibles para apreciar, algunos llevan un buen número de años en cartelera, como son: *El fantasma de la ópera, Cats, El Rey León, Chicago, Mary Poppins, Los miserables,* etc.

Park Avenue

Park Avenue se corresponde con la Cuarta Avenida de Nueva York, a la que se terminó cambiando el nombre. Esta arteria es una de las más conocidas e importantes de toda la ciudad.

La avenida de Park está dividida en dos, la avenida Park Avenue North y Park Avenue South. Ambas están delimitadas por la estación de trenes Grand Central Station que la atraviesa, y por tanto termina por dividirla en estos dos tramos.

Las mejores zonas y calles para ir de compras por Nueva York

Nueva York es sin duda alguna una de las mejores ciudades de todo el mundo para ir de compras. En esta ciudad existe una gran cantidad y variedad de productos, así que encontrarás prácticamente cualquier cosa que te propongas.

La ciudad de Nueva York está llena de centros y zonas comerciales, en las que se puede encontrar las últimas tendencias en alta costura o moda urbana, joyería, electrónica, etc.

En esta ocasión nos centraremos en las diferentes zonas comerciales existentes en Nueva York, y que son conocidas precisamente por la variedad de compras que se pueden hacer. Cada zona se centra en un tipo de cliente diferente, así que se podrá saber exactamente a dónde acudir para realizar compras dependiendo de lo que se esté buscando.

DE COMPRAS POR LA ZONA DE TIMES SQUARE

Times Square es el centro neurálgico de Nueva York y la zona con más turistas. Sus grandes escaparates y sus letreros luminosos enganchan y nos invitan a entrar a sus diferentes locales para hacer compras, convirtiéndose en una experiencia muy diferente a la de un centro comercial.

En esta zona es muy frecuente encontrarse tiendas de ropa y electrónica regentadas normalmente por paquistanís. También se encuentra la famosa juguetería de Toys'R Us y otras tiendas de dulces como la conocida Dale & Thomas Pop Corn, Hershey's and M&M Time Square Store. Podrán, igualmente, visitar la conocida tienda

CBS Store, en donde encontrarán una cantidad de recuerdos de las series de televisión más míticas de la cadena CBS.

En esta zona, como no podía faltar, al ser tan turística, hay muchas tiendas con recuerdos y suvenires de Nueva York.

Por ser Times Square una zona muy concurrida y conocida, los precios muchas veces son más altos que en otras zonas, sobre todo en los artículos de regalo y suvenires. Si queremos comprar regalos para llevar a casa objetos típicos de la ciudad de Nueva York, lo mejor es ir a una zona menos concurrida y menos céntrica.

De compras por la Quinta Avenida (Fifth Avenue)

Por ser la zona más exclusiva de todo Nueva York, como ya hemos dicho, en la Quinta Avenida encontraremos las *boutiques* de los más ilustres y destacados diseñadores, así como los restaurantes y bares más lujosos. Y no solo encontraremos alta costura, también están presentes las tiendas de ropa y las marcas más conocidas en el mundo de la electrónica.

De toda esta avenida, la zona más destacada es la que enlaza con la esquina de Central Park. Aquí es donde veremos la famosa tienda de Apple, visita obligada para los fanáticos de la marca de la "manzana mordida". También en esta zona podremos encontrarnos con la tienda de juguetes FAO Schwarz, que se hizo mundialmente famosa con la escena de la película Big, donde Tom Hanks tocaba saltando sobre un piano gigante. También cerca de aquí encontraremos la joyería Tiffany & Co., también conocida gracias a la película "*Desayunando con diamantes.*"

Otra zona muy importante de la Quinta Avenida es la comprendida entre las calles 34 a la 60, que precisamente termina en Central Park. Aquí veremos tiendas lujosas como Prada, Louis Vuitton, Versace, Saks Fifth Avenue, Cartier, BVLGARI, Van Cleef & Arpels, Ermenegildo Zegna, Kenneth Cole, Sergio Rossi, Salvatore Ferragamo, Zara, etc.

De compras por Chinatown

Si lo que se quiere es realizar compras baratas o imitaciones de marca, tu zona para ir de compras es Chinatown, en la que encontraremos miles de tiendas que venden copias de bolsos, relojes, ropa de marca, etc.

Al hacer un recorrido por esta parte de Nueva York, lo más normal es que te paren discretamente para que entres a las trastiendas y puedas ver las falsificaciones de los productos que venden o intentar hacer alguna venta.

En Chinatown, para mejorar el precio, no nos quedará otra cosa que regatear con el vendedor. Hay que tener en cuenta que el precio de salida siempre se podrá rebajar sustancialmente, incluso en ocasiones a la mitad. Lo mejor es negociar con varios artículos a la vez para obtener mayor descuento.

Aunque el regateo no es solo exclusivo de esta zona. Nos podría sorprender que en ocasiones es posible rebajar el precio en las zonas más prestigiosas y en las *boutiques* más exclusivas. No perderás nada al intentarlo.

También en Chinatown encontraremos los artículos de suvenires más baratos que en otras zonas de la ciudad y más fácil de regatear. Destacan las camisetas, fotos, marcos, postales, imanes para la refrigeradora y todo lo que se te pueda ocurrir.

Columbus Avenue

La avenida de Columbus, es más auténtica, y no está tan pensada para los turistas. Aquí es donde verás comprando a los residentes de Nueva York.

De esta zona destacan tiendas como Betsey Johnson, de ropa picante y sexy; April Cornell, que vende vestidos floreados y ropa de cama, y mientras compras te sirven limonada con pastas; o la conocida farmacia Kiehl's, que fue fundada hace más de 150 años y son especialistas en productos de belleza que fabrican ellos mismos.

En esta zona, además, encontramos alguna sucursal de las tiendas Urban Outfitters, que es una especie de Zara, pero a la neoyorquina. Tiene precios bajos pero la ropa imita las últimas tendencias, siendo más loca y desenfadada que la ropa de Zara.

La avenida de Columbus es también conocida por tener algún mercadillo en concreto, el más famoso es el 97th Street Greenmarket, en Manhatan.

Amsterdam Avenue

Muy cerca de Columbus Avenue encontramos la Amsterdam Avenue y es donde comienza el barrio del Upper West Side. En esta zona veremos tiendas más pequeñitas, algo caras, pero con mucha esencia y que nos venderán de todo.

En resumen y, sin falsa modestia, creo tener autoridad para decir que conozco las calles de Nueva York, como la palma de mis manos o también que puedo recorrer sus calles con los ojos cerrados.

En fin, lo primero que tuve que hacer para iniciar esta gran aventura es cambiar mi *look*: dejé los pantalones, camisas y zapatos elegantes y de buen vestir (en realidad con mucha nostalgia los doné), y modifiqué mi estilo conforme visten los taxistas: *sport* elegante.

Recuerdo que para conseguir el trabajo busqué en el periódico las compañías que rentaban autos para el servicio de taxi, eligiendo dos lugares: uno en Jamaica Avenue que pertenece al borough de Queens y el otro en Long Island City. En el primero me recibió y atendió un despachador (*dispatcher* en inglés). Me conversó que había turnos de día y de noche, además que también rentaban taxis por semanas y por turnos de día o de noche. el precio del alquiler fluctuaba entre 50 y 55 dólares, dependiendo del día de la semana: lunes y martes un precio bajo, y después del miércoles un poco más alta la tarifa.

Le solicité que me mostrara los autos. Grande fue mi desconcierto cuando vi los coches que estaban mostrándome y los miré por la parte de afuera. Abrí uno de ellos, empecé por la puerta de adelante y me di con la desagradable sorpresa de que habían dejado un plato con restos de comida y, además, una botella de jugo a medio terminar. Realmente no me gustó ese detalle. Me quedé un poco desconcertado y cuando le comuniqué al despachador las razones de ese plato de comida dentro del taxi me contestó: «¡Esta gente de mierda que trabaja de noche! No entienden, llegan apurados y se olvidan de sacar la comida que consumieron durante su tiempo de refrigerio». Me quedé pensando y le contesté: «Amigo, yo regresaré la próxima semana». Realmente no me gustó ver ese plato de comida dentro del taxi, en el futuro iba siempre a tener discrepancias con este tema; en otras palabras, existiría una diferencia de ideas en relación con la limpieza del vehículo. Automáticamente me dirigí al otro garaje: llegué a la empresa Queens Long Islam City. Pregunté cuánto me cobraban por un turno y me dijeron 55 dólares de día y de noche 70 dólares. Conversé al despachador que me mostrara el taxi. Cuando me lo mostró no me quede conformé con los autos, no estaban muy limpios. Le dije al encargado que estaba buena la oferta, pero lo iba a pensar, así que continué visitando varios garajes. Al mismo tiempo, me comuniqué con un grupo de amigos que estaban laborando en la industria del transporte. Les encargué que buscaran un taxi bueno y con un buen precio de alquiler.

Es necesario hacer un paréntesis en este relato, a fin de explicar que yo, y también como para cualquier persona que emigra de su país buscando forjarse nuevos caminos en otro país, encontrará obstáculos que podrían ponerlo en la disyuntiva de hacerlo renunciar, a vivir en un país como extranjero o retornar a la tierra de origen; sin embargo, yo siempre he tenido la idea de que frente a las dificultades lo importante es saber gambetear estos obstáculos y actuar con pundonor, con lucha y sacrificio. Seguir adelante, nada es fácil en esta vida, dicen todos, y, es verdad, por eso siempre me decía para mí mismo: «¡Adelante, tú puedes!».

La mente tiene mucho poder, ante cualquier obstáculo que aparezca en tu vida siempre debes ser positivo. «Alcanzar el triunfo es de gente luchadora», así me decía para elevar mi ánimo y mi espíritu. Convocaba la palabra clave: *POWER FOR EVER*, que en español significa PODER PARA SIEMPRE, frase que grabé en mi memoria. Por este motivo de aquí en adelante, y en ciertos pasajes, utilizaré las siglas PFE, que son las iniciales de esa frase en idioma inglés. Asimismo, como menciono muchas veces a la ciudad de Nueva York, utilizaré también sus siglas NYC.

Hecha esta precisión, y, no habiendo transcurrido ni una semana, me llamó un conocido amigo y me dice: «PFE, tengo un buen contacto para ti. Un compañero de trabajo me ha llamado y necesita un chofer». Le pregunté si tenía varios taxis y me respondió que él había comprado una corporación que consta de dos taxis y uno de sus choferes ya no va a manejar. «Le voy a dar tu número de teléfono para que se contacte con tu persona».

Al día siguiente me llamó la persona dueño de los taxis. Al momento fuimos al asegurador de sus vehículos, chequearon mi récord, salió limpio. «¡Aja!», dijo el dueño de los medallones (así se llama a quienes adquieren una franquicia o permiso para poder operar un taxi amarillo). Automáticamente me hizo una buena propuesta: «Yo ya tengo los medallones pagados hace 10 años y no tengo presiones económicas». Prosiguió diciéndome: «Si tú trabajas para mí 50 semanas, sin fallar, te obsequio 2 semanas para ti no pagadas. En otras palabras, para tu propio bolsillo». No dudé ni un instante, le contesté a los pocos segundos: «¡Fantástico, trato hecho!». Pero el dueño de los medallones me contestó: «Falta que te diga un pequeño detalle... Tú tienes que comprar el auto». A lo que le contesté: «Yo compro el auto y tú pones la medalla».

El dueño del medallón se pronunció y me replicó: «Falta otro detalle adicional: el auto sale a mi nombre y cuando tú lo acabes de pagar te lo transfiero a tu nombre». Lógicamente me quedé intrigado y le objeté: «¿Por qué el auto no puede salir a mi nombre?». Respondiéndome: «Tú, PFE, solamente estás poniendo para la cuota inicial de un auto; yo, en cambio, te estoy dando un medallón». En ese tiempo un medallón de corporación estaba evaluado en 150 000 dólares. Yo capté bien rápido, me estaba diciendo: «De ti depende, que tengas bastante responsabilidad y cumplas con el contrato planificado». Al momento le contesté nuevamente: «¡Trato hecho!». Así es como comencé esta gran aventura de ir al volante del taxi amarillo, ícono de la ciudad de Nueva York y acompañante de grandes años de mi vida. Hago una precisión: cuando acabé de pagar le auto, el dueño de la medalla me transfirió el título de propiedad a mi nombre, que yo lo cuidaba como un cristal, porque era mi herramienta de trabajo.

Recuerdo que el primer auto que compré fue uno "nuevo de paquete. Según mi registro de notas me costó 9900 dólares. Fue un Chevrolet Caprice de 6 cilindros. El auto lo adquirí un 14 de mayo, día jueves, de 1987 (siempre tengo por costumbre como amuleto: decido los negocios un día antes del último día laborable de la semana).

En esos tiempos el distribuidor (*dealer* en inglés) se encontraba en el Bronx, Bruckner Blvd. El vehículo era una gran máquina, salió extraordinario. El Chevrolet no fallaba en nada, solo consumía aceite, frenos y llantas. (Obvio que también por regla general después de los tres años y medio se gastaba la batería, alternador, arrancador, bomba de agua, bomba de gasolina, etc.). Recuerdo que a, fin de año, por esos tiempos, los radiadores eran de un material más resistente, las líneas de los rayadores las soldaban y la durabilidad de este accesorio se extendía a un promedio, bien ciudado, de 4 a 7 años. ¡Qué tiempos aquellos! Todos los choferes profesionales, los más ciudadosos, íbamos a limpiar el rayador del taxi al Bronx. Estaba el famoso taller del alemán en Bruckner Blvd, donde había que estar presente bien temprano. Eecuerdo que llegaba a las 5 a. m. y, encontraba a esa hora una fila de 6 a 10 taxistas, esperando a que abrieran el taller. Iniciaba su atención a las 7 a. m.

En fin, con este Chevrolet en la ciudad de Nueva York, le di bien fuerte en recorrido: un promedio de 3 años le hice un desarrollo de 300 000 kilómetros, y fue el trampolín para adquirir la ansiada medalla. Junté 30 000 dólares y obtuve el medallón en el año 1991. Según las notas de mis registros compré otro auto nuevo para iniciarme como dueño de medallón. Fue un 30 de mayo de 1991 en Manhattan obtuve un LTD, Ford. En ese tiempo el distribuidor se encontraba situado en la esquina de la 11av y la 57 Street. Según mis apuntes el costo del auto fue de 19 575,20 dólares. ¡Digo un sí en voz fuerte! El Ford que compré me salió superextraordinario. ¡Qué tal manufactura de la empresa Ford, para fabricar un auto fuerte y duradero! En base a mi gran espíritu luchador hice la negociación para cancelar el medallón a 15 años, pero lo acabé de pagar en 7 años de sacrificio y aunado a muchas horas de trabajo. Los días eran de 14 a 16 horas de entrega y garra. ¡Pero al final, después de haber sudado bien la camiseta amarilla, PFE! Consecutivamente, durante siete años, pude poner el eslabón y finalicé pagando por completo la famosa medalla con un solo auto, sin ningún accidente. ¡Realmente ¡fue un triunfo! Recorrí con ese Ford, mañana tarde y noche, una cantidad asombrosa de millas, desarrollando a finales de 1998, nada menos que 560 000 millas.

También haciendo un paréntesis, comentaré que, después de trabajar, adopté por costumbre concurrir al gimnasio, haciéndome miembro de un *gym* para ejercitarme.

Además, para mantenerme en buenas condiciones físicas y mentales, adopté como rutina, una vez cada 45 días —un fin de semana, viernes o sábado— salir a bailar para romper el automatismo del trabajo. En esos tiempos, existían una gran cantidad de clubes. Uno de los más famosos era el "El Paladio, el cual estaba ubicado cerca de la calle 14. Otros eran el "El Cabo Rojeño, Casa Blanca, El Corso, Estudio 54, El Copacabana, Roselan.

Frecuentaba los clubes con una buena pista de baile. Recuerdo que en esa época estaba de moda la salsa. Existían buenos cantantes del género, como Héctor Lavoe, Cano Estremera; nada menos que uno de los mejores timbaleros, ¡Tito Puente!, Ismael Miranda, Richie Rey, Bobby Cruz, Jhony Pacheco, Peter Conde Rodríguez, Rubén Blades (el poeta, el intelectual de la salsa). En 1979 llegó a NYC Óscar de León, quien debutó con su propia orquesta y su famoso contrabajo, Eddie Palmieri —tremendo pianista—, Ángel Canales, y la incomparable Celia Cruz. Ray Barretto, con sus tremendas tumbas, era conocido como «Manos Duras». Con relación a las bandas, se presentaban un sinnúmero de buenas bandas al escoger, por decir, el Gran Combo de Puerto Rico, el Grupo Niche de Colombia.

Recuerdo que llegó una banda del Japón que causó sensación en NYC, la Orquesta de la Luz, que se presentó en el año 1989 con su vocalista Nora Suzuki, la líder del grupo, causando sensación con su clásica salsa dura del Japón; tuve la suerte de verlos en persona. Tocaron en "El Copacabana, que se encontraba ubicado en la esquina de la 34 Street y la 11 avenida. Más aun continuaron tocando salsa caliente. Fue una explosión de fama para el público en general y todos los países hispanoparlantes. En fin, uno podía elegir las diferentes bandas que tocaban en diversos clubes. Al menos yo recargaba los motores para tener más que nada fuerza en los pies, y bailar al tono del ritmo de la música, lo cual me fortalecía todo el cuerpo y más que nada trataba de olvidarme de la rutina. Por ahí, me empataba con una buena muchacha; en otras palabras, me iba de pesca, ¡ja, ja, ja!

MERECIDAS VACACIONES

Todo no podía ser únicamente trabajo. Ya había comprado el medallón y el vehículo, es decir, había creado mi propia empresa, así que decidí guardarlo transitoriamente en mi garaje para realizar un viaje a Venezuela. Eran unas vacaciones bien merecidas, para lo cual me contacté con un primo, a quien no veía hacía 16 años, y con otras amistades que también había planificado visitarlas, en el estado de Valencia y la ciudad de Maracaibo, amigos que conocí cuando estuve de paso en Venezuela, en 1974.

Fue una inmejorable ocasión de reencontrarme con antiguas amistades. Fueron unas vacaciones inolvidables con el sabor y el néctar de los gratos recuerdos que pasé en ese bello país. Les digo así de esta forma porque para conducir en la ciudad de Nueva York, un chofer profesional se tiene que desintoxicar del manejo, eliminando los efectos tóxicos del cuerpo y del cerebro que produce la polución de gases de los vehículos motorizados. Igualmente, de los ruidos de las sirenas, de las ambulancias, patrulleros, bomberos, del pasajero exigente que en ciertos momentos da ganas de botarlo por la ventana del taxi. En fin, la idea era olvidarme por completo de las señales de tráfico, de los policías, de la aglomeración de gente. La idea era elegir un lugar sosegado donde uno pudiera recargar el cuerpo de buenas energías.

Para aquel entonces, había leído acerca de los baños medicinales que existen en la ciudad de Valencia (Trincheras), aguas termales que provienen del interior de la tierra y muy reconfortante para el cuerpo humano. No me lo podía perder. Cuando visité Valencia, llegué al aeropuerto Maiquetía de Caracas, fue en el año 1991. En su recorrido observé una ciudad moderna, con buenos restaurantes.

Era la época buena del país venezolano, que se encontraba en pleno auge por su petróleo y sus minerales. Se observaba a simple vista que la gente gastaba mucho dinero. Pasé una buena semana en este viaje, hospedándome en un hotel.

Al día siguiente llamé a mi primo (ya había formado su hogar, vivía con su esposa y 2 hijos). Pasamos unos días agradables, me enseñó lugares turísticos de Caracas. Mi primo trabajaba la CAF (Corporación Andina de Fomento) como ingeniero civil. Estuve una semana apreciando la diversidad del moderno diseño arquitectónico que existe en la capital de Venezuela. Además, me llevó a diversos espectáculos y *shows* artísticos, centros de recreación, a buenos restaurantes de diferentes étnicas, museos. Un día le comenté que tenía planificado, continuar mi viaje al estado de Valencia, para lo cual iba a rentar un auto, pero me dijo: «Si tú manejas a diario en Nueva York, es mejor que viajes en un servicio de colectivo y así te evitas de manejar».

Le hice caso y me acompañó a la estación de buses y colectivos de Nuevo Circo en el centro de Caracas. Arribé al colectivo y me despedí, pero no había transcurrido ni una hora cuando se descompuso el auto. ¡No me gustó esta situación! Le consulté al chofer dónde podía tomar un auto de regreso a Caracas. «En el lado opuesto», me respondió, de manera que fui a buscar un lugar donde rentar un auto, diciéndole al empleado que viajaría a dos puntos en Venezuela: Valencia y Maracaibo. Tenía en mente dejar el auto en Maracaibo, de ahí tomar un avión hacia Caracas, luego directamente a Nueva York. El empleado de la oficina me contestó que ellos no operaban de esa forma. Me precisó que la localidad donde se inicia el alquiler del auto, también debe entregarse. Tuve que aceptar las condiciones de la empresa, lamentando que no utilicen el sistema como en Nueva York, en la cual sí está permitido.

Al llegar al estado de la ciudad de Maracay, paré en un restaurante para descansar. Tomé agua de coco natural, pues existen por esos lugares gran cantidad de árboles de coco verde —cuando compras te lo parten al momento—, recuperando fuerzas en el descaso para continuar el viaje. Llegué al pueblo de Turmero. Seguí manejando. Por la carretera se ven muchos animales en los campos. Me encontré con ganado vacuno, ovino, y de un momento a otro tuve que parar en una carretera porque los animales estaban cruzando, y en ciertos momentos se quedan parados en medio del camino. Lo mejor en ese instante es poner las luces de emergencia, quedarse con el auto estático, hasta que el animal voluntariamente se mueva. Eran experiencias muy bonitas que hacían el viaje atractivo.

También tuve la oportunidad de cruzar por el pueblo de Uigue, hasta que por fin llegué a la ciudad de Valencia, la ciudad más poblada del estado Carabobo, situada en la parte central de Venezuela. El viaje se extendió por 6 horas. Llegué bien, pero muy cansado. Me hospedé en un hotel, y al día siguiente fui a visitar a un amigo (quien también había formado su familia). Se alegró de verme después de más de 20 años. Él se desempeñaba como sociólogo en una empresa en Valencia. También me reencontré con su hermana, a quien conocía desde la adolescencia.

Tuvimos una grata conversación. Estaba viviendo con el hermano temporalmente. Se encontraba soltera, pero tuvimos un tremendo reencuentro.

Me llevaron a los baños medicinales en Trincheras, pasamos gratos momentos. Luego nos dirigimos a un restaurante campestre, almorzando la famosa carne a la llanera. Lo asentamos con los famosos jugos de agua de coco verde. Adicionalmente nos tomamos unos vinos. En fin, pasé una estupenda semana. Luego me despedí de la familia y proseguí viaje rumbo al estado de Zulia. Crucé por el estado de Maracuy. Prosiguiendo mi viaje llegué al estado de Lara. Paré junto a un río llamado Yaracuy, donde había un restaurante con un letrero que decía "Bistro" (que significa «al gusto del cliente»). «¡Ah, caramba!, entonces dije, «voy a pedir lo que me gusta». Converso con la mesera si me podría hacer este plato de almuerzo: "Trucha al vapor en salsa de ajos con bastante jengibre (Kion), entomatados, con cebolla perla, col y zanahoria en tiras al dente». La mesera, de una manera muy cortés, me contestó: «Con mucho gusto, caballero, lo haremos». Más aún asenté la comida con un buen vaso de vino blanco semiseco, suficiente para que me fortaleciese y proseguir el viaje al estado de Zulia. Continuando el viaje pasé por el estado de Trujillo, ingresé al estado de Mérida hasta que llegué al estado de Zulia, que está formado por la provincia de Maracaibo.

Llegué un día viernes, me contacté con mis amistades. Se alegraron de que los hubiese ido a visitar, y para mi buena fortuna me dijeron que había llegado en un día preciso porque se iba a armar un fiestón. Como todo estaba planificado para el siguiente día sábado, se inició la tremenda fiesta. Bailé la gaita, que es una música original del estado de Zulia. La bailan con mucho entusiasmo y bastante furor. Fue una noche de buena jarana. Otra familia había preparado el famoso ponche de crema y ron que lo preparan con anticipación de 3 semanas, macerándolo con el clásico ron Cacique. Le agregan nuez moscada, leche condensada y canela en polvo, ¡Es un ponche superagradable! Tampoco faltaron las famosas hallacas, pan nacional navideño que es un costumbrismo de la gente maracucha. Pasé momentos muy agradables. El rumbón estaba muy bueno, pero para mí ya era demasiado.

Tuve que salirme de la fiesta sin despedirme, prácticamente me escapé a las 5 de la mañana, porque mi cuerpo ya necesitaba descanso. Permanecí en esa ciudad durante tres días más. Luego retorné rumbo a Caracas y de ahí continué vuelo de regreso a Nueva York, a proseguir con mis labores, después de unas reconfortantes vacaciones.

MI PRIMERA ANÉCDOTA EN EL TAXI AMARILLO

Cuando comencé a conducir el taxi amarillo, recuerdo que inicié el turno de noche. Normalmente los turnos son siempre de 12 horas de trabajo, pero como yo era el dueño me extendía más horas. La primera experiencia que tuve fue en circunstancias que dejaba un pasajero, y se producía una lluvia torrencial. Sacaba su equipaje como a 10 pies de una esquina... ¡Pasa un carro junto a mi auto, y le da un golpe en la parte de atrás del guardafangos! Mi sorpresa fue mayor cuando, como es natural, pensé que iba a detenerse; no obstante y, pese a observarlo directamente, aceleró más fuerte, huyendo raudamente. En otras palabras y como dice el dicho, me estaban bautizando, pero para mí era un mensaje, como decir: «¡Ponte fuerte y saca pecho, PFE. Pase lo que pase tu corazón tiene que agrandarse. ¡Ahora estás trabajando en la calle ya no dentro de un buen ambiente de oficina!».

Por momentos pensaba en el buen trabajo que tuve y me decía a mí mismo: «PFE, ya no hay marcha atrás, ¡tienes que seguir adelante, paso de vencedores!». Bueno, debo ser sincero, en ciertos momentos o segundos pasaba dejar el trabajo, pero inmediatamente reaccionaba y me decía: «PFE, tienes que seguir adelante», «¡Perseverancia, PFE!». Y así, como en un abrir y cerrar de ojos, han transcurrido 35 años conduciendo mi querido y emblemático taxi amarillo.

Una de las razones por la que me decidí escribir este libro, es porque tuve la paciencia de grabar algunas historias resaltantes en un rincón de mi memoria, pero en otras oportunidades las he registrado en una pequeña grabadora ... ¿Por qué? El buen profesional tiene que tener un respaldo de memoria; pensaba que, si en algún momento, como parte de mis proyectos futuros, decidiría escribir un libro, tendría registrada las vivencias de vida que experimenté en el desarrollo de mi trabajo; más aún, cada pasajero que sube al taxi tiene una particular forma de interactuar durante el recorrido, especialmente por una serie de factores, como su nivel sociocultural, el estado de ánimo por el que está atravesando, su personalidad... En fin, todo ello hace que cada cliente encierre "todo un mundo, lo cual implica que en algunos casos se produzcan conversaciones agradables, algunas admirables, otras ocurrentes, inéditas. Un sinnúmero de historias, que entre mí decía: «Son tantas vivencias que algún día las plasmaré en un libro». Además, otra de las razones que me animaron a escribir este relato de anécdotas, es que muchos pasajeros profesionales, como ingenieros, médicos, contadores, abogados, financistas y otros de múltiples profesiones y oficios, cuando les contaba mi proyecto de escribir las vivencias del taxi, me decían: «No pierda tiempo, señor, usted sí logrará hacer el libro y va a ganar más dinero de lo que ha obtenido en sus 35 años. Decídase, no pierda un minuto más».

Recuerdo a esa persona que se pronunció de una forma jocosa, diciéndome: «No pierda un minuto más». Le pregunté cuál era su profesión, me contestó: «Yo soy economista consultor y trabajo por el momento en Wall Street», es decir, esta persona era alguien con mucha autoridad porque en esa calle están las mejores compañías dedicadas a las finanzas del mundo. Cantidad de veces me repetía: «Señor, usted debe escribir un libro acerca de su trabajo». Me lo estaba diciendo una persona con un buen nivel profesional, también me dijo: «Es algo extraordinario encontrar un conductor que ha guiado taxi por más de 30 años». En conclusión, PFE decidí hacerlo, por eso aquí me tienen escribiendo. Les narraré los hechos relevantes de muchas experiencias sorprendentes, inéditas; algunas reconfortantes y espectaculares, otras son increíbles, pero ocurrieron.

Esta es la grabadora que fue como mi esposa, me acompañó durante 38 años.

ASALTO CON PISTOLA

Esta historia me pasó al mes de haber retornado de Venezuela. Ocurrió en junio de 1991. Me encontraba trabajando en Manhattan, había salido a trabajar como al mediodía. Eran ya cerca de la 12:30 de la noche. Estaba fuera del taxi tratando de chequear una llanta, en circunstancias que pasa una pareja. El varón se dirige hacia mí y me dice: «*Cabbi*, ¿me puedes llevar a Brooklyn?». En ese tiempo lo cerraban para hacer reparaciones de mantenimiento. Le indico que el puente de Brooklyn Bridge está cerrado. El tipo insiste diciéndome: «¿Y por qué no te diriges por el Manhattan Bridge?», y le pregunto: «¿A qué parte de Brooklyn va usted, señor?». «A Dawton», me responde. Le vuelvo a repreguntar: «¿A qué parte exactamente se dirige?», respondiéndome: «Voy a la salida del puente». Le replico: «¿Cuál es la calle o nombre del edificio?».

El tipo se había cerrado en decir solo voy a Dantown. Sinceramente, fue retrechero. Finalmente acepté el trabajo. Debo aceptar que fue un error garrafal haber aceptado ese servicio, porque cuando seguí el curso de taxista, el profesor nos enseñó que en nuestra condición de taxista es obligación del pasajero precisar la dirección exacta del destino. Caso contrario, nos decía, «no lo lleven porque usted perderá tiempo y dinero». Al instante activé mi grabadora. En ese tiempo la grabadora era por decir "mi esposa, porque se convirtió en mi acompañante permanente.

Durante el trayecto del viaje, podía escuchar que la pareja mantenía una conversación utilizando un vocabulario extremadamente soez. Al finalizar el puente el varón me dijo: «Sigue recto, has una derecha por acá». Continué unas cuadras más, y me indicó: «Ahora haz una izquierda y para frente a ese edificio». La mujer bajó del

49

auto, dejando entreabierta la puerta posterior y se alejó caminando sutilmente, pensando que el tipo continuaba en el auto para pagar el trabajo, pero el tipejo que se encontraba en la parte izquierda del asiento posterior se trasladó velozmente hacia el lado derecho de dicho asiento.

En instantes que volteó la cara para ver lo que estaba pasando, el tipo se posesionó bien replegado apuntándome con un revólver diciéndome: «Te voy a volar los sesos, dame tu dinero». Le contesté enérgicamente: «¡No tengo dinero... Baja el arma... ¿Qué estás haciendo?». El fantoche me contesta: «No hagas el papel de hero (héroe o macho)». Le respondí: «Hero de breisque (carne asada) o pastrami (otro tipo de carne) con coslow (ensalada de col) y picos (pepinos)». Mi intención de contestarle de esa forma, refutándole en todo, era con el fin de darle un ataque de cólera. El tipejo por todos los medios trataba de intimidarme, luego me dice: «Pon las manos sobre el timón y apaga el auto». PFE le trató de devanar todas sus palabras diciéndole: «¿Cómo voy a poner las manos sobre el timón si yo soy el taxista!». Me vuelve a decir: «No hagas el papel de HERO», y le sigo el juego: «Te voy a conceder tu deseo por unos momentos».

El tipejo refunfuñando me dice: «Mira lo que tengo en mi mano derecha, un revólver calibre 38». Le contesto: «¿Qué cosa quieres, que me ponga a llorar?». El sujeto me dice: «Dame tu dinero». Le contesto nuevamente: «No tengo dinero». «Entonces, dame las llaves del auto». Le contesto: «Si tengo las manos sobre el timón no te puedo dar las llaves». En esos momentos pensaba: «Si el asaltante mete el cuerpo hacia adelante y se abalanza sobre mí, podría tener la posibilidad de jalarle el revólver». Pero su estructura física lo ayudaba, era un individuo delgado y de brazos largos.

El tipejo me dice: «Voy a cambiar de mano el arma que tengo con la derecha y la pondré en mi mano izquierda». En esos instantes con la mano derecha agarró las llaves del auto y se mantenía siempre apuntándome a la cara con la mano izquierda. Jamás me pegó la pistola al rostro. Luego miró el cenicero y lo abrió, que en esos tiempos estaba junto al timón derecho del auto, apoderándose de un bollo de dinero que yo tenía amarrado en el cenicero, y le repliqué: «Ese dinero me ha costado muchas horas de trabajo y aprovechas que tienes una pistola en tu mano. Lo único que te puedo decir es que estás pecando de un gran sinvergüenza». Una vez que tuvo el dinero me dijo: «No me sigas, te voy a tirar las llaves delante del auto al lado del motor». Yo le dije: «Yo que te voy a seguir, zoquete zángano».

Sinceramente me sentí impotente y furioso. Lógicamente, si me enfrentaba a él tenía todas las de perder. Había trabajado 12 horas, estaba de espalda, de ninguna forma le podía hacer pelea, pero le contesté lo que me salió del fondo de mi corazón. Lo que sí puedo afirmar, si este individuo me eliminaba esa noche yo había grabado todo, lo que sería una prueba contundente de evidencia para atraparlo. Acto seguido me presenté a la dependencia policial (precinto) de Manhattan a reportar el asalto. Ya estaba preparado psicológicamente y dije entre mí: «Si narro todo lo que paso dirán este es un dúo nocivo».

En la dependencia policial manifesté lo que me había pasado (para esto yo no me separaba para nada de mi grabadora). Le expresé al oficial de policía que tenía que ir a Brooklyn, dijo: «¡Carajo, ir hasta allá!». Un oficial me invitó a sentarme en una banca. Estuve sentado como media hora, cuando repentinamente se acercó un oficial y me conversó amigablemente, me tocó el hombro. Se pronunció diciéndome: «Yo lo conozco a usted, señor». Lo quedé mirando y le contesté: «Por favor, señor oficial, yo a usted no lo conozco, ni usted me conoce a mí Es la primera vez que vengo a esta dependencia y, por favor, retire su mano de mi hombro».

Accediendo a retirar su mano procedió a retirarse. Permanecí sentado por un espacio de 20 minutos y luego se acercó otro oficial, quien me entregó un sobre cerrado informándome que tenía que presentarlo a la primera dependencia policial, pasando el puente de Manhattan Brigthe. Cogí el sobre y me dirigí a Brooklyn. Al llegar a la dependencia, le entregué el sobre a un oficial detective, quien procedió a abrirlo y al terminar de leer su contenido. Empezó a llamarme la atención, diciéndome que le dijese por qué no había llegado directamente a esta dependencia. Le contesté: «¿Usted cree que ¿todos los días me pasa lo mismo?». Tomó su radio, presentándose al instante, 7 detectives más. Uno de ellos se me acercó sigilosamente y me dijo, casi al oído: «¿Es verdad todo lo que tú has manifestado?». Le respondí inmediatamente: «Absolutamente es toda mi verdad».

Recuerdo que por instantes se apartaron a un lado y dialogaron reservadamente. Después de un rato se acercaron a m, tres de esos detectives y me dijeron: «Vamos a ir en dos autos al lugar donde ocurrió el asalto». Cuando llegamos al sitio del robo, les expliqué con detalles lo sucedido. Luego dimos unas vueltas cerca del lugar, buscando al individuo, pero en ningún grupo de personas que se encontraban alrededor del área, pude identificar al asaltante. Eso fue todo en esa noche. Lo único que me manifestaron es que no podían hacer nada más y que si tuvieran alguna noticia, me llamarían. Bueno, me retiré a mi casa. Llegué a las 5 de la madrugada y dije: «Ni para la gasolina me dejó este desgraciado». Así pasa cuando uno tiene un día malo. Total, seguí trabajando.

Como a las tres semanas, al llegar un día a mi casa, luego de parquear mi auto, veo un tipo que estaba parado junto a la puerta de mi casa. Cuando estuve cerca de él (al parecer él también me estaba observando) menciona mi nombre completo y le digo que sí, soy esa persona, mostrándome una placa de detective. Luego de identificarse me consultó si yo había puesto una denuncia por un asalto. Yo le dije que en efecto, manifestándome: «Muy probablemente el tipo que habían detenido el día de ayer sea la persona que lo asaltó a usted, por lo que quisiéramos que se presentase a la dependencia policial lo más pronto posible». Le contesté que yo había comprado este negocio hace poco tiempo y realmente debía cumplir con los pagos y, por lo tanto, no tenía tiempo para presentarme más en una dependencia policial y que, en todo caso, buscaran a otra persona. Ya con el reclamo que hice para mí era suficiente.

El detective continuó el dialogo, insistiéndome que era muy importante mi presencia, y me dijo: «No se preocupe, señor, que los días que usted perderá, la ciudad se los repondrá». Me quedé pensando y le dije: «Cuente conmigo, iré lo más pronto posible». No pasó ni dos días y me presenté a la dependencia policial. Me senté en una banca, y me atendió el mismo oficial que me visitó en la puerta de mi casa. Me mostró una foto donde había 4 personas. «¿Cuál de las 4 personas fue quien lo asaltó?», dijo. Rápido lo identifiqué: «Es el primero de la izquierda», le dije. El oficial dijo: «Es correcto, señor». Le respondí: «Creo haber cumplido con su pedido de presentarme».

El oficial dejó la foto a un costado y se acercó cerca de mí diciéndome: «Aquí no acaba todo, amigo. Nosotros queremos que usted sea el testigo estrella en un juicio que le haremos a este delincuente, a quien mantendremos retenido transitoriamente». Le pregunté: «¿Por qué yo?», y el respondió: «Porque el delincuente había confesado que usted fue la persona que le causó más dificultad para asaltarlo y, aun así, tuvo la valentía de venir a reportarlo la misma noche del asalto». Le repliqué: «Pero tendría que pagar un abogado para que me representase en el juicio». Me dijo que por esa parte no me preocupara porque la ciudad pondría el abogado. Tomé aire profundamente, y acepté.

Prosiguiendo con la historia, por aquella fecha mis padres estaban viviendo en mi casa. Estaban como turistas en este gran país. Un día, sorpresivamente, al ingresar a mi casa para descansar, mi madre se encontraba en la cocina muy preocupada, y me contó que se habían presentado dos detectives al mediodía, «preguntándome si yo era tu mamá. Lógicamente le respondí que sí, él es mi hijo», agregando que a mi padre también le hicieron la misma pregunta. Mi padre, con un rostro de gran preocupación, me consultó si estaba envuelto en algún hecho delictivo, (es necesario aclarar que siempre he adoptado como costumbre no llevar los problemas del trabajo a la casa). Le expliqué que un tipo había roto la luna de mi taxi y la policía lo había capturado, por esa razón me estaban buscando, para que identificase al malhechor.

Para la policía yo era la persona idónea para ayudar a resolver el hecho delictivo y condenar al bandido, prestigio ganado por mérito propio por haberme enfrentado con valor a un delincuente, buscando que se hiciese justicia, al denunciar inmediatamente el asalto. En consecuencia, la policía se presentó en mi hogar corroborando que yo era una persona digna al confirmar que pertenecía a una familia honorable. No traspasaron la línea, como dicen en este país; con esto quiero expresar que procedieron dentro del marco de la ley, conforme a los mecanismos técnicos de carácter legal que son utilizados de forma secuencial y coherente, los cuales una vez aplicados permiten sustentar todas las actuaciones y actividades en materia legal.

Luego, continuando la historia, me llamaron un día solicitándome que me presentase a la misma dependencia policial de Brooklyn. Una vez más cumplí con presentarme, recibiéndome el mismo oficial designado para ese caso. Como es común me hicieron sentar en una banca, teniendo que llenarme nuevamente de mucha paciencia, sentándome al lado de otras personas. El tiempo de espera fue tan largo que me dio opción de entablar una conversación con la persona que se encontraba junto a mí, quien me preguntó cuál era el motivo de mi presencia en esta dependencia. Le conté lo sucedido y coincidimos que los dos estábamos por el mismo reclamo, pues el caballero me dijo que se trataba del mismo asaltante.

Al preguntarle qué hizo después de haber sido atracado, me dijo que se había dirigido inmediatamente a su casa y se encerró por dos semanas enfermo de los nervios. Yo automáticamente, al terminar su relato, me paré y le di la mano. «Respeto su opinión», le dije, y al ser consultado igualmente en mi caso, cuál fue mi reacción, le narré con lujo de detalles todo lo que realmente hice esa noche luego del asalto.

Después de un rato, por fin me llamaron para que ingresase a una habitación. Me indicaron que iban a pasar 4 grupos de delincuentes de 8 personas cada uno, con un número en su pecho que ellos mismos sostenían. Entre ellos tenía que identificar al tipo que me había asaltado. Mientras ello ocurría, una persona especializada se encontraba grabando toda mi manifestación. Al terminar de pasar los cuatro grupos, me consultaron en cuál de ellos estuvo el delincuente y qué número era el que portaba. Identifiqué certeramente al individuo que me asaltó. Finalmente me retiré, agradeciéndome la policía por cooperar con la investigación.

Luego de unos meses, llegó una carta a mi casa, indicándome que debía presentarme a la oficina del abogado de la ciudad. Era para ponernos de acuerdo sobre lo que yo debía manifestar en el juicio con toda precisión y sin cometer ningún error. Con suma imparcialidad y con toda la neutralidad de mantener un buen equilibrio de las acciones y hechos ocurridos, se preparó con anticipación las preguntas y las respuestas concretas y objetivas. Al finalizar quedamos en el día y la hora que debía presentarme a la Corte Criminal de Brooklyn.

El tiempo pasó, hasta que me llegó la carta que me citaba para el proceso judicial. El día del juicio me presenté. Intervinieron el fiscal, los abogados y testigos, entre los que yo figuraba como testigo estrella. El juez escuchó las manifestaciones de las diferentes partes. Para sintetizar la persona que me asaltó fue declarado inocente. Yo no soy graduado en leyes, pero tengo la universidad de la vida, por eso considero que el veredicto fue el correcto, porque este tipo no golpeó, no hirió, no disparó y finalmente no se llevó ningún auto. En mi opinión, considero que su castigo fue permanecer en la cárcel detenido un tiempo considerable (desde su captura hasta el día del juicio). Yo llamaría este caso infrecuente, porque en los 38 años que llevo como taxista, jamás se repitió esta historia.

Al final, la ciudad me envió una carta diciéndome que, podía reclamar el dinero que había perdido por dejar de trabajar, mientras asistía a las etapas del proceso judicial, así como a las dependencias policiales. Les respondí que yo no reclamaría ningún dinero, solamente les dije que si lo veía otra vez no lo iba a dejar subir a mi carro.

EL MISTERIOSO HOMBRE DE LA CAPA SIN ROSTRO

Me acuerdo una noche cuando estaba a punto de concluir mi larga jornada laboral en mi turno de 12 horas de trabajo. Habiendo decidido retornar a mi casa, pensé: «Voy hacer el último trabajo del turno». Cuando me dirigía bajando por la Quinta avenida en Manhattan visualicé un pasajero que me alzó la mano. Me detuve y, antes de que abordara el taxi, en fracción de segundos efectué una mirada general sobre su aspecto físico.

Esta persona llevaba un sombrero negro enorme y una capa oscura, con la que se cubría la cara, todo lo cual lo hacía ver y mostrarse como una persona misteriosa. En realidad me generaba una sensación hasta cierto punto atractiva y emocionante, toda vez que siempre me han fascinado este tipo de situaciones donde la intriga está presente. No lo pensé dos veces y le dije: «Adelante», y luego de indicarme la dirección del destino al cual se dirigía, comencé el trabajo. Cuando pronunció la dirección pude notar que tenía un acento característico de un país sudamericano.

Dada las circunstancias, cuando sube un pasajero vestido de esa forma comienza a trabajar la psiquis del taxista. Para uno sentirse mejor y tratar de tranquilizarse uno tiene que interactuar y le comienzo a conversar: «Disculpe, ¿habla usted español?». «Sí, hablo español», respondió rápidamente. Por supuesto una especie de calma empecé a experimentar e iniciamos la conversación. ;e comentó que se llamaba, o, lo llamaban, «El Gato Barbieri»: «Soy músico de profesión y si me pongo esta capa y este sombrero extravagante, es porque no quiero que me reconozcan y asedien cuando salgo por las calles».

Grande fue mi sorpresa, estaba en mi taxi conversando con la persona que había compuesto el fondo musical de la película que protagonizó Marlon Brando, *El último tango en París*. Qué gran honor conocer al gran Leandro *Gato* Barbieri, saxofonista de *jazz* de nacionalidad argentina, actividad a la que se había dedicado durante los últimos años. De más está decir que durante el trayecto hasta su destino, entablamos una conversación muy amena, manifestándole mi gran satisfacción de haberlo servido. Recuerdo que me dejó una muy buena propina, culminando una gran noche de trabajo.

MI SEGUNDO CHOQUE

Al día siguiente, salí a trabajar como de costumbre por el turno tarde de una fresca primavera. Reinaba un buen tiempo, el día estaba sabroso, no llovía. Salí a trabajar temprano. Era sábado. Como siempre en este día las personas se divierten a partir de las 11 de la noche: van a los clubes nocturnos a relajarse, a despojarse del estrés de toda la semana de trabajo.

Estaba de moda el club nocturno 'El Chipcha, en el borough de Queens. Subieron tres mujeres, dos se sentaron en el asiento posterior y una en el asiento de adelante. Me pidieron que las llevase a Manhattan. Eran como las 2 de la madrugada y me dirigía en dirección hacia Manhattan. Tomé Northern Blvd, llovía fuertemente. Entonces, al cruzar la intersección de Schilman Ave. Sunnyside, aparece intempestivamente una camioneta a toda velocidad y se estrella contra mi taxi.

El impacto fue de tal magnitud que la pasajera que llevaba adelante se estrelló contra el parabrisas rompiéndose el labio, sangrando abundantemente. Pero grande fue mi sorpresa cuando pude observar que el conductor de la camioneta que me había impactado, descendió del auto conjuntamente con su acompañante, huyendo raudamente con rumbo desconocido. Al momento que me disponía de salir de mi auto, no podía abrir la puerta porque con el impacto se había trabado. Al instante llegó una ambulancia y también un auto patrullero. Un oficial de policía me ayudó a abrir la puerta y por fin pude salir del auto.

Una vez afuera del taxi el oficial de policía me habló en voz fuerte diciendo: «¿Qué pasó?». Le comencé a narrar todo lo ocurrido: «Oficial, yo iba en dirección hacia Manhattan, había tomado norte Blvd. Estaba en el carril y derecho observé la luz verde hacia mi favor.

Cuando estaba cruzando la intersección de Schilman Ave salió una camioneta color negro a toda velocidad y se estrelló con mi taxi. Las personas que manejaban el vehículo, abrieron las puertas y se fueron corriendo en dirección hacia Manhattan». Al mismo tiempo se acercó un curioso que observó el accidente y le informó al oficial policía. «Lo que el taxista le ha narrado es completamente verídico, yo estaba presente en el momento del accidente», dijo el testigo.

El oficial me consultó: «¿Si tú los vieras los reconocerías?». «¡Definitivamente, oficial!», le respondí. Entonces me dijo: «Sube al auto de policía, vamos a tratar de alcanzarlos». Así como una escena de película policial, de pronto me encontré dentro de un patrullero persiguiendo a unos malhechores. Era cerca de las 3:30 de la madrugada. Naturalmente no había nadie caminando por las calles, y muy poco tráfico. Recuerdo que el oficial manejaba el auto policial a una velocidad impresionante. De pronto, como a una milla y media, visualizamos a dos tipos, que caminaban lentamente. El oficial actuó de forma adecuada con estrategia psicológica: les cerró el paso como si fuera la escena de una película, en otras palabras, detuvo el vehículo y salimos rápidamente. El oficial de policía me preguntó: «¿Estos son los sujetos que estamos buscando?». «Exactamente, yo pienso que son los mismos tipos que salieron corriendo de la camioneta», respondí.

Seguidamente el oficial les preguntó a dónde se dirigían. Ellos se quedaron un momento callados y dirigiéndose a mí, manifestaron que no hablaban el idioma inglés. Les dije que yo iba a traducir sus palabras... «Estamos caminando rumbo hacia Manhattan», dijeron. Inmediatamente le manifesté al oficial que eso era falso: «¡Están mintiendo!», dije, pero el oficial me contestó que no tenía pruebas para arrestarlos, y que debíamos retornar al lugar del accidente. Considero que el oficial cumplió cabalmente su labor. Una vez en el lugar del accidente comenzó a chequear la guantera del vehículo que ocasionó el accidente, encontrando unos retratos en los cuales ellos mismos aparecían en la misma camioneta del accidente. Prácticamente eran pruebas contundentes. Me dijo: «Estos son los tipos que paramos hace 10 minutos, ¿verdad?». Le respondí afirmativamente. «En este caso "no perdamos tiempo, ¡vamos a capturarlos!», dijo el policía.

Arrancó el auto policial y conduciendo a toda velocidad, como una bala de nueve milímetros, emprendimos la búsqueda. Naturalmente, como eran las 4:30 a. m., el tráfico continuaba completamente limpio. A *full* velocidad, y como a las 2 millas del accidente el policía logró capturarlos. Buen trabajo del oficial. En conclusión, a las dos semanas me llegó una nota del Departamento de la Corte de Nueva York del Borough de Queens, a través de la cual me decían que, siendo una de las personas involucradas en el accidente, me tenía que presentar a dicha corte. En este país los procesos judiciales se resuelven muy rápido, de manera que juzgaron a los culpables y les aplicaron las sanciones previstas en la ley que rigen en el estado de NYC. El juez me preguntó si quería reclamar algo adicional. «El seguro del auto que me impactó se iba a encargar de repararlo», le dije, por lo que no iba a reclamar nada adicional.

Finalmente, el juez me consultó si estaba bien físicamente o si había sufrido algún daño. Le respondí que me encontraba bien y no tenía ninguna molestia en mi salud, así que me invitó a retirarme, entregándome un documento en la cual decía que la otra parte del accidente no reclamaba ni mostraba ningún problema físico. Me recomendaron que guardara ese documento de la corte por un promedio de 7 años. Es necesario precisar que, en realidad la noche del accidente, como consecuencia del impacto, me ocasionó un rasguño en la mano derecha. Me salió un poco de sangre, pero, aun sabiendo que en este país por ese leve daño podía reclamar alguna indemnización, debo mencionar que no soy de las personas que quieren sacar algún provecho, creando argumentos falsos para tener un beneficio monetario.

Por aquellos tiempos rondaba los 35 años de edad y era la época de oro del taxi amarillo, ya le estaba agarrando el ritmo al trabajo. Entre mí decía: «PFE, esta chamba (así se dice a un trabajo en Perú) es parte de tu destino». También pensé en las líneas de la vida. Nada es fácil y este trabajo como cualquier otro tiene sus riesgos, pero una vez más me levantaba el ánimo diciendo: «¡Adelante, PFE, siempre adelante, no mires atrás!».

MUJER DROGADA

Continúe trabajando como siempre en mi taxi amarillo. Particularmente prefería trabajar entre Manhattan y el borough de Queens. Recuerdo que una noche estaba conduciendo en Queens bajando por la avenida Roosevelt. Eran aproximadamente las 02:00 a. m. cuando me detuve en una esquina esperando que cambiara la luz a verde. ¡Se detiene una mujer frente a mi taxi! Tuve que permanecer parado, no me quedaba otra opción para no atropellarla. Me dijo: «Señor, ¿me puede ayudar?». «¿Cuál es su problema, señora?, le dije en tono enérgico. «No puedo abrir la puerta de mi apartamento, por favor, ayúdeme», me respondió.

La puerta de su apartamento estaba como a 8 pies desde mi taxi, así que pensé: «Hoy me toca hacer una obra de bien, voy hacer un acto humanitario». De manera que estacioné mi auto y procedí a caminar conjuntamente al lado de la persona. De pronto, de un segundo piso escucho a alguien alzando la voz, diciéndome: «¡No le haga caso, señor, es drogadicta! Yo la acabo de botar de mi apartamento. La descubrí en el dormitorio inhalando cocaína, por esa razón la he tenido que echar». Pero grande fue mi sorpresa: cuando me disponía a retornar a mi auto, la mujer empezó a decirle a la persona del segundo piso ⊠quien aparentemente era su pareja⊠ que yo había tratado de violarla. Por supuesto que el hecho me causó mucha indignación, sobre todo porque mi intención era de ayudarla.

En resumen, pequé de ingenuo y pensé: «No más ayudo a nadie, pase lo que pase». Pero al mismo tiempo me decía: «PFE, son enseñanzas de la calle, lecciones de vida que irás aprendiendo día a día». En fin, como dicen: «Santo remedio». Pecar por ser una persona humanitaria hace que a uno lo cojan de tonto, más aún le levanten injurias. Me dije: «PFE, mejor que me pasen estas experiencias para ir curtiéndome y saber qué situaciones se pueden presentar en el oficio de taxista, principalmente en horas de madrugada».

Por aquellos tiempos comencé a contactarme con otros taxistas compañeros de trabajo, quienes me contaban que, en los aeropuertos en ciertos momentos de suerte, se podían presentar trabajos para llevar pasajeros fuera de la ciudad, así que para extender mis zonas de trabajo me dije: «PFE, sería bueno que probases buscar trabajo también en los aeropuertos», siendo los principales en Nueva York "La Guardia" y el "JFK.

PASAJERA DESCARADA

Era una tarde de verano. Estaba en el aeropuerto JFK. Subió una pasajera, quien me pidió que la llevara a Manhattan. De pronto y en pleno recorrido me dijo que tenía necesidad de cambiarse su ropa interior (el sostén y el calzón). «¡Carajo, señorita! —levanté la voz—, este es un vehículo de transporte de pasajeros, no es el lugar apropiado para cambiarse de ropa, tampoco es un hotel». La dama, sin importarle lo que le indiqué, me respondió diciéndome en forma imperativa que por favor no volteara la cabeza porque realmente tenía la necesidad urgente de cambiarse. Lo pensé rápido y le dije: «Si usted quiere hacerlo, pues hágalo».

No más preguntas ni pláticas, hasta que la dejé en su apartamento, pero me puse a reflexionar cómo pueden ocurrir cosas increíbles. Uno debe tener buen temple para afrontar las múltiples situaciones que se iban presentando: «Hay que actuar con cerebro frío, PFE, y pronunciar las palabras precisas para acabar el trabajo y seguir la rutina», me dije. Finalmente, pude descubrir el verdadero motivo por el cual la pasajera tenía apuro en cambiarse de ropa interior, solo lo supe después de dejarla. Por casualidad volteo y me percato que en el asiento posterior había unas manchas de sangre. Ya se podrán imaginar lo que le ocurría a esa dama. Así que, como parte de este oficio, no me quedó otra cosa que limpiar los asientos para tener presentable el auto para el próximo pasajero.

UNA BRONCA INESPERADA

Una tarde de verano, hacía mucho calor y había empezado la hora pico (en NYC Manhattan le llaman *rush hour*. Eran como las 3:30 p. m. y me encontraba en Times Square con mi auto detenido, esperando que cambiase la luz, cuando rápidamente subió un pasajero por la puerta posterior del lado izquierdo. En la misma forma intempestiva también subió otro pasajero por la puerta posterior del lado derecho. Según mi parecer los dos pasajeros subieron al mismo tiempo y ninguno de los 2 querían bajarse del taxi, iniciándose una discusión.

Me preguntaron a mí que quién de los dos había subido primero y yo les contesté que los dos habían subido al mismo tiempo. Total, fue la chispa de inicio como si hubiera prendido un auto. Fue algo impactante, parecía una pelea de *jiu-jitsu*, mezclada con taekwondo y boxeo. Se comenzaron a pelear a puño limpio dentro de mi taxi. «¡Carajo! grité, el taxi no es para pelear. ¡Caballeros, acá no están en el Madison Square Garden!», grité. Al final tuve que intervenir, para ser más explícito mi taxi no tiene partición, recuerdo que al intentar separarlos me cayó un puño en la mandíbula. En conclusión, los separé, pero también al final de la pelea uno de los pasajeros cedió y abandonó el vehículo. Solo llevé al cliente ganador.

En esa época había una gran cantidad de público y se apresuraban para tomar un taxi amarillo, era el año de 1992. No existía Uber ni mucho menos Lyft. Me refiero a que no teníamos mucha competencia, existía gran demanda. Los únicos que nos hacían un poco la competencia eran los famosos *black cars*. En otras palabras, éramos los amos y señores de la ciudad de Manhattan. Recuerdo que ese día, cuando llegué a mi casa, me dijeron: «Tienes la cara hinchada, ¿tuviste algún accidente?». Respondí que me había resbalado y fui contra el piso. Generalmente cuando he tenido problemas en la calle nunca los he llevado a mi casa.

Siempre he dicho que los problemas fuertes en la calle quedan afuera, nunca me gusto llevarlos a casa, ni mucho menos contarlos. Después de todo un conductor de taxi amarillo debe tener pulmones de acero, cerebro frío; ser audaz como un felino, pies de platino muy fuertes y el cuerpo de cocodrilo muy duro, para resistir 10 a 15 horas de trabajo. Claro, siempre y cuando uno se proponga seguir enfrentando las diversas situaciones que implican conducir una unidad de transporte público.

MUJER GESTANTE

La historia que narraré a continuación, representa mi trabajo de mayor duración que he realizado en toda mi experiencia como conductor de taxi. Se puede decir que es mi récord en duración, con emociones inesperadas y con un final feliz. Fueron 12 horas continuas de trabajo, que implicó un gran recorrido desde parte de New Jersey, Pennsylvania, Ohio y Michigan.

Cuatro personas me tomaron el servicio de taxi en el aeropuerto JFK; me pidieron que los llevara a un hotel de Manhattan, entre la 40 Street, 8 ave y 9 ave. Al parecer, durante el trayecto desde el aeropuerto hasta el hotel, se percataron de que dominaba mi caña (así le dicen a quien tiene destreza en la conducción de un vehículo), toda vez que instantes previos para concluir el servicio el pasajero de mayor de edad me consultó si también conducía por las afueras de Manhattan. Le respondí afirmativamente. Acto seguido empezaron a deliberar en su idioma (eran de origen libanés). A los pocos segundos me preguntan: «¿Cuánto nos cobrarías para llevarnos al estado de Michigan?».

Recuerdo que era un día sábado y el servicio lo requerían para el lunes inmediato, cuyo punto de partida sería en el mismo hotel, al cual se estaban dirigiendo hasta el estado de Michigan. Según la dirección del destino que me indicaron saqué la cuenta. Era un recorrido de aproximadamente 9 horas y media. Transamos un precio y acordamos llevar a cabo ese viaje.

Por regla general cuando se presentan estos trabajos, llevo mi grabadora para registrar los hechos relevantes, como respaldo de memoria. Es así que, conforme lo convenido, el día lunes los recogí a las 5 de la mañana. Realmente el tiempo del viaje se convirtió en 12 horas, pues tuvimos que detenernos para ingerir alimentos, y fue en varias oportunidades, porque una de las pasajeras que iba en el asiento posterior se encontraba embarazada.

En ciertos momentos sentía náuseas y mareos. Yo pensaba: «Ojalá que lleguemos bien a Michigan y que no se le vaya a reventar la fuente y nazca el bebé en mi auto», pero me dije: «PFE, te espera una tremenda aventura». El pasajero que viajaba en el asiento del copiloto era el esposo de la dama, en estado de gestación. En el asiento posterior iban, además de la futura mamá, su papá y su señora madre. El futuro papá era un muchacho como de unos 28 o 30 años. Durante nuestro trayecto me pidió en varias ocasiones conducir él la camioneta. Lógicamente ese era mi trabajo y no se lo podía permitir.

Se me ocurrió decirle que eso no era posible porque de suceder algún percance el seguro no lo cubriría y que yo me encontraba en condiciones de seguir manejando. Realmente luego de conducir durante 9 horas, respetando los límites de velocidad establecidos en los letreros oficiales de la carretera, había un buen estado del clima, sol brillante. De pronto, como a una milla de distancia, en mi carril, visualizo una especie de agua brillante sobre la pista, lo cual es un efecto común en las carreteras que se conocen como "espejismos. Sin embargo, grande fue mi sorpresa cuando me estaba acercando al supuesto "charco de agua. Por instinto de conductor profesional, decido retirar el pie del acelerador empezando a disminuir gradualmente la velocidad, pero sin presionar el pedal del freno.

Recuerdo que estaba corriendo a 65 millas por hora, seguía mirando atento el velocímetro disminuyendo a 60, 55, 50 Sigilosamente seguía acercándome a la zona del "espejismo. Era una situación especial. Mi experiencia me decía que pronto pasaríamos por esa porción de agua, por lo tanto no era prudente frenar. Sin embargo, mi razón me decía que debía seguir con mucha cautela, por lo que automáticamente y como "un sexto sentido" decidí no pisar más el acelerador, por lo que la velocidad continuó disminuyendo: 40 millas, 30 millas, 25 millas Hasta que dije: «¡Esto no es ni agua, tampoco es un espejismo!». Los pasajeros saltaron del susto: «¿Qué está pasando»», me preguntaron. Les dije: «¿Ustedes están viendo lo que yo estoy mirando?». Todos al mismo tiempo contestaron: «¡Es un espejismo!». Yo les respondí: «Difiero de sus opiniones, para mi parecer pienso que es aceite». ¡Mierda! Efectivamente era aceite, se le había roto la caja de trasmisión a un Mack tráiler que estaba parqueado a un costado de la carretera.

Aproximadamente, a 15 pies del lugar lo había derramado el tráiler, dejando esparcido el aceite en un tramo extendido de aproximadamente 60 pies de largo. Afortunadamente, cuando pasé por encima del charco de aceite conducía a 24 millas por hora, lo que me obligó a presionar el pedal del freno de una manera muy suave. Aun así, la camioneta no se detuvo inmediatamente, por la inercia el taxi patinó como 6 pies. Recuerdo que el auto se detuvo de forma horizontal, muy cerca de un barranco de casi 8 pies de profundidad. Mi reacción fue rápida: hice un recorrido general de mi entorno, activando inmediatamente las luces de emergencia. Para suerte nuestra no venía ni un auto detrás de nosotros, de manera que direccioné nuevamente el taxi y proseguimos el viaje. No les miento, luego de realizada las maniobras recibí los aplausos y elogios de mis pasajeros. Me decían: «¡Qué tal destreza! ¡Qué tal pericia para dominar su máquina, señor!».

Superado el obstáculo, continuamos nuestro recorrido, manifestándome que habían preferido viajar por tierra en lugar de avión, porque una de las pasajeras se encontraba casi con 9 meses de embarazo. Al final los dejé en su destino y todo salió de maravilla, emprendiendo el rumbo de regreso. ¡Moraleja, PFE!: ¿Qué habría pasado si hubiese accedido en dar oportunidad de conducir mi auto al pasajero, que pedía hacerlo insistentemente? Sin duda él habría pensado que la mancha de aceite era un "espejismo" y, por lo tanto, hubiese continuado acelerando sin disminuir la velocidad, con lo cual el auto habría patinado a más distancia, terminando por caer al abismo. ¡Donde está la confianza está el peligro! Una persona que confía en sí misma es capaz de arriesgarse, aceptar nuevos retos y enfrentarse a situaciones desconocidas.

EL ABOGADO DEL CASO WATERGATE

En fin y, en palabras mayores, el trabajo iba "viento en popa, tanto así que logré comprarme otro taxi. Fue un *black car* de la compañía INTER BORO. Trabajando durante un período en esa empresa, había obtenido muy buenas cuentas. En ese tiempo era una compañía de renombre.

Recuerdo que una vez me enviaron a recoger a un abogado de alto perfil social, nada menos que a Mr. Joe Califano. Desde que subió al taxi fue emocionante porque yo sabía quién era él. Al instante lo reconocí, un buen abogado de alta categoría; entramos en tema de conversación y le dije que tenía una gran admiración por su persona y él me contestó: «¿Por qué?». Le dije: «Usted defendió el caso del expresidente Mr. Richard Nixon en el escándalo de Watergate, y lo defendió con buena altura y dignidad». «¿Y cómo se enteró usted?», contestó. «Fue por el periódico de mi país», le dije. Siguió preguntando: «¿Qué más sabe del expresidente Nixon?». «Sé que nació en California, fue estudiante brillante. Ingresó a la Marina de los Estados Unidos, llegando al grado de comandante, y después intervino en la política. Ocupó el número 37 de los presidentes de USA». Luego me preguntó: «¿Usted ha leído la historia de USA?». Le dije que algo había conocido de su historia, así que durante el resto del recorrido entablamos una plática muy interesante, hasta que llegamos al lugar del destino donde me había mencionado.

Antes de bajar del vehículo expresó: «Ojalá todos los choferes fueran como usted, bien leídos». Luego de agradecerle por tremendo elogio le manifesté: «Seguro que encontrará muchos mejores que yo». Realmente fue una experiencia muy enriquecedora, que me llenó de mucha satisfacción.

PAUL NEWMAN EL ACTOR

En otra oportunidad, cuando laboraba para la Empresa Inter Boro Black Car, los pedidos de taxi eran enviados por computadoras a unos sistemas instalados en los autos. Me encargaron recoger al famoso actor Paul Newman. Cuando llegué al punto de encuentro ubiqué al actor, quien se encontraba acompañado de una dama, a quien también pude identificar. Se trataba de su señora esposa, Joanne Woodward, también actriz con una deslumbrante personalidad. En síntesis, una bella dama distinguida.

Durante el recorrido en el taxi, tuve la oportunidad de entablar breves pláticas con él. Denotaba un gran sentido del humor. Recuerdo que le expresé: «Como actor usted es muy bueno». Sonrió y me contestó que no era tan bueno. «Soy regular nomás», y mostraba una amable sonrisa. En ocasiones posteriores también pude transportarlo y siempre al final de los viajes me decía: «Toma estos dólares, para que te tomes algunas cervezas». Me daba un buen *cash*, yo le decía: «Me las tomaré en tu nombre el fin de semana».

En otra oportunidad me preguntó de qué nacionalidad era. Yo le contesté que era peruano y al momento me comentó: «Machu Picchu». «Sí, le dije, es la identidad de nuestros ancestros peruanos». Luego, me manifestó que era cultura fascinante, que había leído un poco de la historia de los incas. Continuando con la conversación, le pregunté si había visitado algún restaurante peruano. Me afirmó que sí, que había visitado un restaurante peruano en California y que le había agradado una comida, que era algo así como de huancaína. Yo le aclaré: «Ah, es papa a la huancaína». «¡Oh, eso me gustó!», exclamó. «Ese plato es de la parte de sierra del Perú», le dije. Y así siempre conversábamos de una forma armoniosa.

En otra ocasión le comenté que la mejor película que había protagonizado fue "*El golpe*, donde estaba jugando póker. Al momento me preguntó: «¿Te gusta el póker?». Yo le respondí que aprendí a jugar póker cuando rondaba los 13 años de edad. Tuve la suerte de visitar dos veces Las Vegas. Y él me comentó, con su carácter jocoso: «¿Fuiste a hacerte rico?». «No, le respondí, fui a recrearme y ver las innovaciones que siempre hacen en Las Vegas. Pero recuerdo que estuve jugando póker durante tres horas y me gané tres mil quinientos dólares».

En conclusión, siempre se comportó como un caballero y, mejor aún, con su gran sentido del humor, hacía los viajes más placenteros.

PERSECUCIÓN IMPROVISADA, DESENLACE INESPERADO

La historia que contaré a continuación, bien podría parecer que ha sido copiada de un guion cinematográfico, sin embargo, pertenece a una experiencia real vivida. Le pondría por título a la película *Historia de persecución improvisada con desenlace inesperado*.

Era un amanecer de verano, día sábado. El reloj marcaba las 5 de la madrugada, hora que acostumbro siempre a llenar el tanque de gasolina. Además, hago un alto en mis labores para tomar un té caliente en una esquina del Borough de Queens. Para ser más específico, fue Queens Blvd. Mientras disfrutaba de mi infusión, apareció un auto a gran velocidad estacionándose delante de mi vehículo. Era conducido por un varón de aproximadamente 40 a 45 años de edad. Abandonó raudamente su auto, con el motor encendido, ingresando velozmente al *coffee shop*. De pronto, en ese instante, una persona que pasaba caminando se percató que el vehículo tenía el motor encendido; ingresó al auto y empezó a conducirlo, apropiándose ilícitamente del vehículo.

A los pocos segundos sale el dueño del auto, y dirigiéndose hacia mí me encajó la pregunta: «¿Usted ha visto toda la escena del robo de mi vehículo?». Juntando sus manos y con los dedos entrelazados me dice: «¡Se han robado mi auto, por favor, sigámoslo!». «Otra vez, PFE, se te presenta una situación en la que tienes que demostrar de qué estás hecho». No podía permitir que se cometiese semejante injusticia, así que no lo pensé dos veces y le dije: «Suba a mi taxi», y empezamos la persecución espectacular que era de película. Digo esto porque el ladrón se pasó tres semáforos en plena luz roja. Tal como las películas, también me pasé los semáforos en rojo. El malhechor tomó el Gran Central en dirección este, corría como a 100 millas por hora; yo lógicamente iba a igual velocidad.

Cuando estuvimos próximos a alcanzarlos a la altura de Little Neck Parkway, mi pasajero saca un revólver dispuesto a disparar. «¡No lo haga!», le dije. «Si le dispara será peor, porque se estrellará y colisionará con otros vehículos. ¡Dispare al aire mejor!». Y me hizo caso. Sin embargo, el ladrón al escuchar el disparo aceleró más huyendo por la salida de New Hyde Park RD. También salimos por dicha ruta adicional. Fueron dos disparos al aire, uno en Highway y el otro en el *service road*. Para nuestra suerte y sorpresa por esa vía se había producido un tremendo accidente, que, ocasionó que el camino estuviese cerrado, por lo que el malhechor detuvo el vehículo a pocos metros del accidente. Inmediatamente salió de su interior y huyó despavorido, dejando abandonado el auto.

En esos instantes se acercó un oficial de policía, quien se percató que se habían producido unos disparos desde mi taxi. El tipo que yo llevaba ⊠producto de su nerviosismo⊠ arrojó la pistola en el asiento posterior. El policía con pistola en mano nos pidió que saliéramos del taxi con las manos pegadas a la cabeza; después que nos interrogó, le narramos los hechos sucedidos, aclarando el dueño del vehículo robado que yo lo había ayudado voluntariamente, diciéndole: «El señor taxista me hizo el gran favor de perseguirlo gracias al divino destino». El oficial de policía nos dijo: «Primero los tendré que esposar a los dos, acabaremos con el primer caso del accidente y después continuaremos con ustedes».

Recuerdo que en la escena del accidente había varias unidades de patrulleros, bomberos y ambulancias. También observé dos cuerpos completamente cubiertos (fallecidos) y varios heridos; más aún, visualicé a un policía tomando fotos con una cámara sujeta a un trípode a los autos que estaban completamente destrozados; otros bomberos estaban con una sierra larga electrónica abriendo los carros para sacar a los heridos que quedaron atrapados en los autos.

En resumen, fue una escena escalofriante y yo continuaba esposado. Después de aproximadamente 6 horas revisaron nuestro récord de antecedentes y nos llevaron a la dependencia policial. Al final y luego de quedar todo aclarado, nos dejaron libres. Una vez más, PFE, por buen samaritano, me arriesgué exponiéndome hasta de perder la vida, pero como siempre decía: «¡Adelante, PFE, a seguir con el trabajo! ¿Qué aventura seguirá? Solo Dios lo sabe».

PÉRDIDA DE SORTIJA DE MATRIMONIO. PRIMÓ LA HONESTIDAD

Pasando a otro capítulo de mi vida, me ocurrió algo que lo llamaría *"Pérdida de sortija de matrimonio temporal. Primó la honestidad.* Me encontraba trabajando en NYC, también fue en verano. Estaba acabando el día de trabajo en circunstancias que abordan el taxi dos muchachas jóvenes. Me dijeron: «Llévanos a Soho», que es un sector de la ciudad donde se venden exclusividades, en tiendas y restaurantes modernos.

De pronto me percato de que las dos jóvenes trataban de introducir sus manos en la rendija que une el respaldar y el asiento posterior del auto. Tanta era la insistencia y movimientos que hacían que tuve que interrumpirlas. Les pregunté si estaban buscando algo. Una de ellas respondió: «Señor, se me ha resbalado una sortija en este asiento», y continuaban buscando, con tal desesperación que tuve que detenerme y colaborar con la búsqueda del anillo. Pude percibir que se encontraban realmente apenadas, lo que evidenciaba que verdaderamente la sortija se había resbalado en el asiento posterior donde ellas estaban sentadas.

Tal era la impotencia de una de ellas que me pidió de manera insistente que retirase el asiento del auto. Yo le contesté que no podía remover el asiento porque lo había mandado a soldar. Al momento una de las muchachas comenzó a llorar en forma inconsolable. Me quedé un poco sorprendido y me comenzó a contar que era una sortija de compromiso matrimonial y que en una semana iba a contraer nupcias por la iglesia. Más aún la joven que iba a contraer matrimonio me hizo énfasis que el anillo tenía un costo bien valioso de 50

000 dólares. Me solidaricé con ella y le dije: «¿Cómo me podía contactar con tu persona en caso de que encuentre la sortija?». Así que intercambiamos tarjetas, ofreciéndole que, al día siguiente, antes de empezar con mi día de trabajo lo primero que haría es presentarme al tapicero para remover el asiento y continuar con su búsqueda.

Fue así que al día siguiente llegué al taller; dicho sea de paso, el operario me conocía. Le comenté lo que había sucedido, más aún llevé mi cámara fotográfica. Cuando comenzó su trabajo de desmontar el asiento el operario, empecé a registrar unas fotografías. No habían transcurrido ni 5 minutos, al levantar el asiento ¡encontró la sortija! Al instante le pedí al operario que sostuviera la sortija con dos dedos para tomarle una fotografía, a lo cual accedió amablemente. Le pagué por su trabajo e inmediatamente, tomé mi teléfono y me comuniqué con la dama, diciéndole que había encontrado su sortija de matrimonio. Pude percibir por sus palabras de agradecimiento la gran felicidad que la embargaba. Al momento me consultó si podía ir a entregárselo a su oficina, acordando que la esperaría en la puerta del edificio en la 51 de Madison Av. Manhattan.

Cuando nos reunimos en el punto acordado, luego de saludarla, activé mi grabadora para conservar una prueba fehaciente de que estaba procediendo con la devolución de su joya, la cual se la entregué en sus manos, envuelta en un papel aluminio, porque dicho papel con la luz del día emite destellos microscópicos que permitían leer las letras milimétricas que estaban grabadas dentro de la sortija. En efecto, lo primero que hizo la joven fue leer lo que estaba por dentro de la sortija, preguntándome, la razón de la envoltura. Le respondí: «Para que pueda leer las letras con mayor claridad».

Al final quedó muy contenta. Me entregó un sobre cerrado conteniendo unos dólares. Me dijo: «Esto es por su gran trabajo». ¡PFE, hiciste muy bien! Devolviste a su dueña una joya que le pertenecía, con lo cual reforcé mis principios y valores que me inculcaron mis padres desde pequeño, primando en todo momento mi prestigio y honorabilidad. Desde aquel momento he guardado rigurosamente en secreto el nombre de esa persona, por ética profesional.

CONECTIVIDAD SUTIL

Este capítulo lo llamaré *Idoneidad de números, conectividad sutil* (sucedió en 1989). Era una mañana de otoño. Empiezo mis actividades con muy buen ánimo. Ingreso al Borough de Manhattan. Pasajeros suben y otros bajan, como es de costumbre. Ya llegaba la hora de tomarme un descanso y circunstancialmente, en instantes que dejaba un pasajero en Penn Station, sube otro pasajero. Estando a bordo me dice: «Dirígete por el West Side Highway y luego sales en la salida 158». Inmediatamente capté y le digo: «Amigo, esa salida por la que pides que vaya, está cerrada hace años. ¿De dónde vienes?». Me respondió sorpresivamente: «Vengo del presidio, he estado 27 años preso». «PFE, qué aventura te espera», me dije— para tratar de calmar la situación, dado que no sabía cómo podría reaccionar un expresidiario.

Prosigo la conversación y le manifiesto: «Pero ahora usted está libre, una nueva vida le espera». Seguía interactuando y me contesta: «Un día como hoy tengo el día libre, en estos momentos me dirijo a un centro de readaptación social. El lugar queda cerca a la calle Edgecombe y la 162 street». «De acuerdo. Lo mejor que podemos hacer es proseguir por la salida de la 179, es lo más práctico». Continúo mi recorrido por la salida mencionada, sigo manejado y, cuando ya estábamos cerca del lugar de destino, me pregunta si podía apagar el metro. Le respondí tajantemente que eso no era posible, que era en contra de la ley apagar el metro. El cliente me dijo un poco acongojado que realmente estaba corto de dinero. Le contesto: «No se preocupe, amigo, le haré un descuento cuando lleguemos a su destino».

Al rato llegamos al lugar mencionado, pongo *OFF* en el metro y la tarifa era 30 dólares. Le digo: «Cuente bien su dinero y tómese su tiempo». Me responde: «Estoy corto, 3 dólares, amigo taxista». «Escuche, caballero, le voy a hacer un número bueno, págueme la mitad». El tipo me contesta bien sorprendido: «¡Pero usted va a perder amigo!». «Yo no pierdo, porque el año que consta de 365 días, trabajo 330, y además gozo de buena salud, aunado a un buen espíritu de lucha del día a día». En resumen, el cliente me pagó la mitad y se fue contento, diciendo: «Si en el mundo hubiese muchas personas como usted, garantizado habría menos problemas». Le contesté: «Que tenga un buen día, amigo».

REINA DE BELLEZA USA

Esta historia es un capítulo reconfortante. Fue un día de verano de 1989 (27 de junio). Me encontraba trabajando en NYC, en el borough de Manhattan. Ya era el momento de retirarme para ir a casa a descansar, cuando veo una persona que a primera impresión pensé entre mí: «Es una estrella de cine. *Good bless América*! (Que Dios ayude a América)». Detengo el taxi, sube la pasajera, me indica la dirección. Voy manejando hacia su destino (el lugar era en Gormen District, centro de la moda de ropa). Entramos en tema de conversación, como suele suceder, y le digo: «Usted parece una artista de cine».

Me comenta la pasajera: «Fui seleccionada Miss USA 1982. Represené a mi país en un concurso mundial de belleza en Sudamérica, en Perú». Como conocedor de la ciudad le digo: «Es probable que se dirija a modelar ropa». «Así es, caballero, por ejemplo, del lugar que me recogió modelé para unas revistas. «¡Me imagino con usted EL UNIVERSO SONRÍE!». «Gracias, qué galante», respondió. Llegamos al lugar. La conversación fue tan grata que le pedí un autógrafo (sinceramente fue el único autógrafo en toda mi carrera como *taxi driver*).

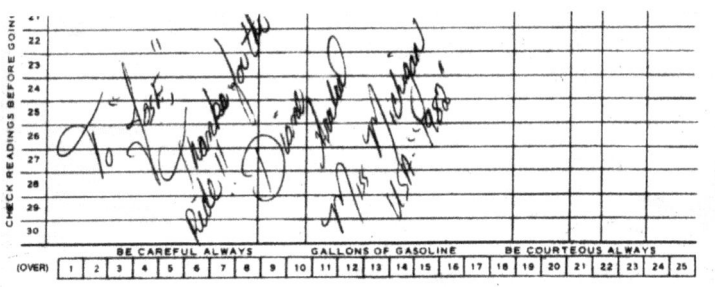

PASAJERA DORMIDA

Pasando a otras historias, me ocurrió algo inédito. Era un invierno del año 1994, trabajando en NYC... En Manhattan recojo una pasajera en 1NY PLAZA. Me dijo: «Llévame a la 5av y la calle 11st». Inicio con el recorrido, no me demoré ni 15 minutos. Llego al lugar, pongo el *OFF* al metro y le menciono: «El trabajo acabó». Volteo la cabeza y me percato de que la pasajera estaba completamente dormida. Insisto y le hablo en voz alta: «*Miss*, el trabajo ya acabó...». Y seguía sin despertar. Me bajé del taxi, dirigiéndome por la puerta posterior, y le dije: «Por favor, despierte». Nada, cero respuestas.

Las personas pasaban, miraban y se retiraban, hasta que una curiosa me dice: «¿Qué pasó? ¿Se quedó dormida y no se puede despertar?». Intentó también despertarla sin resultados. Finalmente, tuve que llamar al 911. Llegaron dos policías. Uno de ellos se dirigió directamente hacia mí y el otro oficial se dirigió hacia la pasajera. Les comenté los hechos sucedidos y el oficial me pregunta: «¿Tiene el recibo del trabajo?». Se lo mostré, lo observa bien y mirando su reloj, me pregunta: «¿Dónde la recogió?». Le contesto que la recogí del 1 NY PLAZA. Seguía observando la escena. Uno de ellos trataba de despertarla, pero no respondía.

Pude observar que el oficial ponía mucho empeño para despertarla, pero sus esfuerzos fueron en vano. Al no lograr su objetivo, llamaron a la ambulancia y la comienzan a examinar los paramédicos, haciéndole los chequeos correspondientes. Le tomaron la presión: arrojó presión baja. Le aplicaron un poco de oxígeno. Al final de todo comenzó a reaccionar, señalando la pasajera que había tomado una pastilla para dormir. Una vez más, PFE, en realidad en este trabajo no todo es ganancia para el chofer. Perdí muchas horas que pude haber estado brindando otros servicios, pero es allí donde uno tiene que aceptar los momentos imprevistos que se presentan en la vida.

LA GRAN VICTORIA

A esta experiencia la llamare "*La gran victoria*, y me sucedió a finales del año 1989. Por aquellos tiempos éramos el blanco de los "amigos de lo ajeno" (ladrones). No existían como ahora las tarjetas de crédito o débito, y estos facinerosos muchas veces no se querían ir con las manos vacías.

Como de costumbre, salí a trabajar un lunes, a las 5 a. m. Me encuentro en el aeropuerto JFK. Estoy en el puesto tercero en línea, próximo para recoger a un pasajero. Ese día llevaba conmigo 1800 dólares para hacer un pago. Había planificado que en cuanto me saliera un trabajo corto dentro de la ciudad, iría a cumplir con dicho pago. Algo raro empecé a notar, cuando observé que el chofer que se encontraba en primer lugar de la fila, no quiso aceptar el trabajo, por lo que se dirige al segundo chofer. Conversan y tampoco quedan de acuerdo, así que viene a mi taxi, diciéndome: «Tengo un mitin (reunión de ejecutivos) en Albany, ¿usted me pude llevar en 3 horas?». El trabajo cuesta tanto le dije, y me contesta: «Yo lo pago *cash*».

El tipo era una persona que lucía bien arrogante. «Por favor, señor, siéntese en mi taxi que yo lo llevaré en 3 horas, y probablemente en menos tiempo, siempre y cuando el tiempo esté favorable y el tráfico nos favorezca». El cliente me dice: «¿A qué se refiere con el tiempo?». Le contesto: «Acá en NYC sufrimos de cambios fuertes atmosféricos. "Para ser más específico, los meteorólogos pueden vaticinar un día maravilloso, pero en ciertas oportunidades que son excepciones, cambia el clima, porque la madre naturaleza es impredecible y uno tiene que aceptarla. En conclusión, pensemos optimistamente y crucemos los dedos».

En resumidas cuentas, todo nos favoreció. El tráfico estaba limpio más aún el tiempo se portó muy bien. Tomé la ruta 87 Norte. La tarea salió de maravilla, llegamos con buen tiempo y lo dejé en la misma puerta de la oficina donde se dirigía. Me pagó por mi servicio, dicho sea de paso nunca me ha gustado cargar mucho dinero *cash*. En fin, seguía manejando de regreso para la ciudad, encontrándome fatigado con la necesidad de almorzar, llevaba un promedio de 7 horas de trabajo. En esas circunstancias que visualizo un accidente. Salgo rápido de la carretera (MEJOR DEEGAN EXPWY), entro al Bronx.

Ya tenía muchas ganas de comer, eran cerca de la 1 de la tarde. Observo un restaurante. Dije: «En este lugar almorzaré». Pero ante todo estaba con mucho dinero *cash* para el pago que debía hacer, por lo que, para mayor seguridad, me lo puse en la cintura y, el otro dinero por el servicio del ejecutivo lo coloqué en la planta del pie derecho. Dije entre mí no lo podía dejar dentro del taxi siempre seguro. Entro al restaurante y empecé a almorzar, todo seguía muy bien. Al terminar, reposo un rato, pago la cuenta y salgo del restaurante. Mientras iba con dirección hacia mi taxi, observo tres tipos que venían caminando a un paso normal, uno de ellos tenía cubierto su mano derecha con una especie de bolsa de plástico; el otro tipo que iba al centro estaba con una mano hacia atrás, como queriendo ocultar algo y el tercero caminaba con una mano dentro de su bolsillo.

Se iban acercando hacia mí y procedo a mirarlos suspicazmente. Lucían un poco desaliñados. Cuando paso cerca uno de los sujetos chocó su hombro contra el mío, y en el momento que volteo a mirarlos, el de la bolsa saca un revólver. El del centro pone su mano hacia adelante, tenía enroscada en ella una manopla y el tercero sacó de su bolsillo un puñal con el que me apuntó. Me amenazaron: «¡No te muevas, esto es un asalto! Si llegas a moverte te haremos harina. Alza las manos». Yo acataba todo lo que me decían. El tipo que estaba al centro, el que llevaba la manopla, era quien lideraba a los otros dos, y le dijo al del puñal: «Chequea los bolsillos». No encontraron nada, solamente cargaba la llave del taxi. Luego me arrancaron una cadena que llevaba en el cuello, y un reloj que usaba en el brazo derecho.

El tipo de la manopla le dijo al que me estaba revisando que chequeara mi cintura, y lamentablemente dieron con el paquete de los 1800 dólares que cargaba para el pago ¡CARAJO, PFE, tranquilo! La sangre me comenzó a hervir, pero ante todo observé que al del revólver le temblaba la mano de una forma desenfrenada. El brazo del tipo que me apuntaba, en muchas oportunidades apuntaba hacia el piso. Al final, el de la manopla le dice al tipo que había agarrado la cadena, el dinero más el reloj: «Anda a la esquina y para un taxi». Efectivamente, el tipejo fue corriendo y paró el taxi. Tuvieron suerte porque solamente se podía ver la mitad del vehículo que paró, porque si el chofer del taxi se daba cuenta de que me estaban asaltando, pienso que no se hubiera detenido. Luego el tipo que había parado el taxi, llama a sus dos compinches. Voltearon la mirada hacia el taxi. En ese descuido dije: «Este es mi gran momento».

Sin pensarlo un segundo, aproveché y desfogué mi ira que tenía por dentro. Le metí con toda la furia que cargaba un puntapié en el hígado al de la manopla. Lo dejé sin aliento y tosiendo, cayéndose al piso. Es ahí donde trato de rematarlo: le conecté un gancho de mi puño en la cara, dejándolo con los ojos completamente blancos y comenzó a sangrar por la boca. Además, el que portaba el revólver se puso más nervioso y, él mismo, a consecuencia de su nerviosismo, se metió un tiro en la pierna. Quedó completamente inútil. Se agarraba la pierna, gritando fuertemente de dolor. Le brotaba abundante sangre por la herida. El revolver lo dejó a un lado.

El delincuente que paró el taxi observaba todo el escándalo. En esos momentos yo luchaba para quitarle la manopla, pero el tipo se resistía. Recién me di cuenta de que ¡el desgraciado hijo de su gran madre! se la había amarrado en la mano y la muñeca. Pensé bien rápido: «PFE, si le quitas la manopla al tipo te vas a enfrentar al del puñal». La situación se complicó aún más, porque el sujeto que paró el taxi, al observar lo que estaba pasando, vino corriendo para atacarme. Mi cuerpo estaba cargado de adrenalina. Tuve que retroceder unos pasos, por instinto nunca le di la espalda.

En esos instantes agarré con una mano la puerta de entrada del restaurante en la cual minutos antes había almorzado. Maniobro para abrirla, y me doy con la ingrata sorpresa que la habían cerrado.

Su personal y los comensales se limitaban a mirar la pelea por las ventanas que daban hacia la calle. Lo único que pude hacer es mirar serenamente a los delincuentes. Total, de los tres tipos, dos de ellos se encontraban en el piso completamente vulnerables. El que paró el taxi y que cargaba el puñal iba jalando al de la manopla, siempre con el filoso cuchillo en la mano. Al acercarse al taxi se lo se lo empezó a guardar en su bolsillo.

El sujeto que se autodisparó yacía tirado en el piso (estaba herido y sangraba). El del puñal retornó, recogió el revólver y lo puso dentro de su bolsillo. Logró parar al que se había autodisparado, agarrándolo de un brazo y lo enlazó a su cuello, llevándolo arrastrándolo hacia el taxi, pero nunca me dieron la espalda. El del puñal siempre apuntaba hacia mí con su arma, logrando ingresar al taxi, que lo esperaba con la puerta abierta. Se guardó el puñal, cerraron la puerta y se fueron. Es todo lo que pude observar. Realmente percibí unan gran tranquilidad cuando se fueron; lo que pude ver en medio del atraco es que había como 12 curiosos y ¡nadie me ayudó! En fin, así es la vida, después de todo tuve mucha suerte de quedar vivo e ileso. Sinceramente pienso que les gané la pelea: uno se autodisparó y el de la manopla se encontraba completamente grogui. Les di su merecido por haberme faltado el respeto.

No lo pensé dos veces y me dirigí hacia la dependencia de policía a fin de reportar lo sucedido, para que la policía NYC los buscase, los arrestase y pagasen por sus fechorías cometidas las calles.

A la semana me llaman del departamento de policía para decirme que me acercara lo más pronto posible, que todas las manifestaciones que yo había descrito encajaban con los tipos que los habían detenido. Sin titubear fui a la dependencia. Me atiende una oficial mujer que me recibió de una manera muy cortés. Me preguntó directamente: «¿Señor, usted vende drogas?». Yo le contesto y le doy mi manifestación de que soy taxista de profesión y ese dinero que me quitaron era para hacer un pago (siempre por costumbre pagaba mis cuotas dos o tres meses por adelantado). La otra pregunta que me formuló fue: «Acá tenemos algunas joyas, que en su declaración manifestó que se las habían sustraído». Le contesto que sí: «Es correcto».

Para comprobar que las joyas eran de mi propiedad me formula algunas otras preguntas, la primera fue: «La cadena que le arrancaron tiene grabado algunas letras, ¿podría decir qué dice en la grabación?». «Es el retrato de mi madre. En el reverso está grabado: "Perdón, madre mía"», le contesté. Otra pregunta: «¿Qué representan esas palabras para usted?». Dije que esa grabación es una disculpa para mi señora madre porque yo le fallé en los estudios, dejé de estudiar bien pronto, abandoné los libros a la edad de 16 años. «Tengo otra pregunta para usted. En la denuncia expresa que también le sustrajeron un reloj y tiene otra grabación. ¿Podría decirme que dice en el reverso?». «En el grabado dice: "En memoria de mi padre"». Se queda pensando unos segundos (¿?) diciéndome: «Señor, venga en dos semanas que le vamos a devolver sus joyas».

Yo no lo pensé mucho y pregunté a la oficial cómo los habían capturado. Me respondió: «El carro que tomaron al final del viaje, no le pagaron al taxista, y él fue quien los reportó. Más aún, dio valiosas informaciones detallando que cuando abandonaron el taxi ingresaron a un edificio. Él dio detalles de su ubicación, además, los malhechores dejaron en el piso manchas de sangre, por eso es bueno reportar», dijo la oficial. Después de todo lo que había pasado me puse a reflexionar: unas joyas que han sido convertidas en energía negativa, pasando por diferentes manos... ¡Negativo, nunca más regresé!

Seguí trabajando como de costumbre. Solo puedo decir que tuve mucha suerte y no solamente suceden estos casos en NYC, sino en cualquier parte del mundo pasan peores cosas. Gracias a la Divina Providencia quedé con vida para contar la historia.

COMERCIAL SUSTANCIAL CON UN FINAL FELIZ

Este pasaje lo recuerdo como un momento grato y lo llamaría *Retroalimentación de vida*. Me encontraba trabajando en NYC Borough Manhattan. Era el año 1994, una mañana muy tranquila. En ese tiempo era frecuente que los taxistas nos comunicásemos por radio. Habíamos formado diferentes grupos de clubes, interactuando con diversos conductores que desempeñaban esta misma labor.

Un día un pasajero a quien venía transportando, observó que me comunicaba con diferentes personas. Entablamos conversación. Él me comentó que era parte de un grupo de personas que habían venido a NYC a filmar unos comerciales. Me preguntó, si conocía a muchos taxistas y le contesté con un rotundo sí. Conocía a una gran cantidad de profesionales del volante. Al escuchar esto último me dice que estaba buscando un grupo de aproximadamente 100 taxistas para grabar un *spot* publicitario para una cadena de hoteles de diferentes partes del mundo. Me preguntó si yo los podía conseguir, a lo que repliqué: «¿Cuántas horas duraría la filmación? Me contestó que duraría de 3 a 4 horas, y que contaban con el permiso de la ciudad. «La filmación se realizará en Peck Slip a las 06:30 a. m. Downtown. El pago sería de 30 dólares por hora (en ese tiempo era un excelente pago). Le contesté que sí podía conseguirlos, «pero de cada taxista que yo reúna me tendría que dar un 3%». Respondió: «Trato hecho».

Me dio su tarjeta de negocios, como yo también le di mi tarjeta, en la cual él me podía llamar. Así que, con la ayuda de la radio, no pasó ni 24 horas, cuando llamó al productor y le dijo que ya había conseguido el grupo de 100 taxistas.

La filmación se llevó a cabo un día sábado. Llegamos los 100 taxistas al lugar acordado, realizándose las grabaciones sin ningún inconveniente. Más aún, la filmación se extendió 2 horas adicionales, así que todos felices. El *spot* publicitario consistía en que 2 personas salían de un hotel y paraban un taxi. El organizador del comercial nos manifestó que teníamos que manejar a una velocidad menor de 5 millas por hora o conducir lo más lento posible. Recuerdo que realizamos un promedio de 200 secuencias. La grabación se inició a las 07:00 p. m. y concluyó a las 12:00 p. m. El pago fue bastante reconfortante y, PFE, quedó en mi recuerdo un grato y relajante día de trabajo.

RELAJAMIENTO CON CHASCO

Este episodio, llamado "*Relajamiento con chasco*, lo anoté en mis registros de notas. Fue un verano en el año 1988, mes de julio, día viernes. Había comenzado a trabajar desde temprano. Me estaba yendo muy bien, cuando a las 08:00 p. m. recibo una llamada inesperada en mi teléfono: se trataba de un viejo amigo que había llegado de Neplos, Florida: «Hola, PFE, ¿cómo estás?». «Muy bien, ya estoy acabando con mi jornada de trabajo». Me dice el amigo: «¿Sabes una cosa? Nos vamos a reunir con dos amigos más que han venido de Chicago. Yo les he hablado de que tú eres uno de los buenos taxistas de la ciudad de NYC y quieren conocerte. Deja ya el timón que la vida es una sola, sacúdete del trabajo, rompe tu esquema y vente para la barra que está ubicado en Astoria Te esperamos». Me dije: «Bueno, me dije, no todo tiene que ser solo trabajo», así que le digo: «En una hora estaré en la barra». Cerré el negocio llegando al lugar acordado. Como de costumbre no encontraba dónde ubicar el taxi para dejarlo bien parqueado: miro hacían la derecha, luego a la izquierda y nada, todos los parqueos estaban *full*.

Visualizo un supermercado, eran ya como las 09:30 p. m. estaba cerrado. Pienso rápido y digo: «Lo parquearé a la espalda del supermercado». Dicho y hecho, estaciono el taxi y me dirijo al bar. Me reencuentro con el amigo que no lo veía por varios años, fuertes abrazos y chocadas de manos. Luego me presenta a sus dos amigos, que habían llegado a Nueva York con fines de trabajo. Total, tragos van, risas salen, brindis por el reencuentro. Era la media noche cuando en un momento inesperado veo ingresar nada menos que al artista y bailarín John Travolta, que se mostró muy sencillo y cortés. De una manera educada se acercó a nuestra mesa, saludándonos con mucha amabilidad. Me dejó una buena impresión, pasé momentos agradables.

En resumen, una noche completamente relajada. Llegó el momento de retirarnos del bar… Salimos y me dirijo al lugar donde había dejado mi taxi. Luego saco la llave de mi bolsillo, la coloco en mi mano derecha ya para abrir el taxi y, ¡oh, sorpresa!, el espacio donde había dejado mi auto se encontraba completamente vacío. Por inercia me quedé abriendo la puerta al aire. ¡Se habían llevado el taxi! ¡Qué tal barbaridad! Lo primero que uno piensa: «¡Me lo robaron!».

Tuve que regresar a casa en taxi. Al día siguiente lo reporté a la dependencia policial a fin de manifestar lo sucedido. Al llegar a la dependencia el oficial de policía chequea su libro de notas y me dice: «Señor, efectivamente han robado su taxi, no existe ningún reporte de grúa». Después de tomar todos mis datos, agradeciéndole por su atención, me retiré un poco desconcertado de la dependencia policial. Me pongo a meditar ( ) y me digo: «Voy a llamar a un amigo que vive en Astoria». Sin pensarlo mucho lo llamo. Para mi suerte contestó al momento. Le comenté lo ocurrido y me di con la sorpresa de que también a un amigo de él le pasó la misma historia.

En resumidas cuentas, me indicó la dirección con punto y coma, diciéndome que mi taxi probablemente debía estar en Brooklyn, en un recinto especial donde almacenan los carros parqueados en lugares prohibidos. No lo pensé ni un segundo. Me dirijo al lugar y efectivamente estaba mi taxi. Lo pude visualizar por las rendijas de la puerta. Dirigiéndome a la persona que atendía en una pequeña caseta, le dije que iba a recoger mi taxi. Me solicitó el título de propiedad, y también otro documento de identidad. Le entregué el título y mi licencia de conducir, a los cuales les tomó una fotocopia. Al devolverme los documentos dijo que debía pagar 187,35 dólares por el servicio de la grúa.

Retorné a la dependencia policial con la finalidad de informar que había ubicado mi auto, para su registro en el sistema y que no siguiese figurando como robado (en un momento pensé: «El de la grúa se olvidó de reportarlo a la dependencia policial»). Converso con el agente oficial de turno, le muestro la evidencia que había pagado un costo por la grúa que se llevó mi auto. Tal como lo había sospechado, el encargado de la grúa nunca reportó a la dependencia policial que mi vehículo se encontraba en el depósito, por estar mal parqueado. Definitivamente le aplicarían una multa por no reportarlo, pero mi mayor preocupación era asegurarme de que el taxi figurase oficialmente como llevado por la grúa y no como robado. En fin, PFE, por una noche de distracción te llevaste el gran susto de perder tu auto y, además, perdiste dinero por el pago a la grúa que lo remolcó.

DESAYUNO ALMUERZO CON ORDEN EXTRA DE SALCHICHAS

Este relato me pasó a principios del año 1990. Era el mes de julio. Tuvimos que soportar un verano muy caluroso. Había empezado a trabajar un día sábado como a las 5 de la tarde, me iba muy bien. Trabajé toda la noche, así que era el momento de regresar a casa, procediendo a retirarme de la ciudad de Manhattan. Tomo el puente de Queens. Cuando me encontraba en Greenpoint y Borden Avenue, miro y viro hacia la izquierda para ingresar a la 495 East. Continúo conduciendo y de un momento a otro, súbitamente, sucede un tremendo accidente, ocasionando que la vía quede completamente bloqueada.

Actúo rápidamente: volteo a la derecha para salir por Laurel Hill, sigo por el camino para hacer una izquierda en la 48 Street. Pero me doy con la ingrata sorpresa de que estaba completamente bloqueada con llantas. Sobre el pavimento observé a dos personas en cada esquina. Más aún, el otro camino para seguir por Laurel Hill también estaba bloqueado. Visualicé a un grupo voluminoso de motociclistas tirados en el suelo, así que me dije: «PFE, ya no hay más camino que recorrer».

Detuve mi taxi. De pronto se me acerca uno de ellos, bajo mi luna, preguntándome entre mí. ¿Qué podría solicitarme?. Era un tipo de contextura obesa y de gran tamaño, con abundante cabellera larga. Vestía un pantalón *blue jeans*, botas grandes y chaleco de cuero. Caminaba aletargado, hasta que estuvo frente a mí y me dice: «*Cabbi* (taxista), estamos corto en alcohol, deja algo». Dije para mí: «Estos individuos teniendo una moto de 25 000 dólares y pidiendo dinero».

Pero a veces se pierde y a veces se gana, en fin, son riesgos del oficio del taxi.

Le enseño un billete de $ 20 dólares. El sujeto los mira y me dice: «Somos 36, esto es muy poco». Le contesto enérgicamente: «Escucha, amigo, yo me encuentro bien cansado y no tengo mucho tiempo para entrar en negociaciones, voy hacer algo bien práctico». Acto seguido pongo en mi mano derecha $10 dólares y le digo al tipejo: «¿Ves este billete que tengo en mi mano?». «Sí, lo veo», me contesta refunfuñando. «Pues dile a tus amigos que saquen esas llantas y si te obedecen te doy este billete, ¿okey?». El tipejo alzó su mano y, ¡oh sorpresa!, dos sujetos le hicieron caso. Al momento levantaron las llantas y pude continuar mi recorrido. Afortunadamente salí bien librado de ese mal momento.

Ustedes se preguntarán cómo convencí al tipejo para que me hiciese caso de retirar las llantas.

Les voy a contar el secreto: en el instante que le entregué el billete de 10 dólares realmente le manifesté: «Amigo, que tenga un buen desayuno, almuerzo de papas con una orden extra de salchichas (*have a good brunch with extra home fries and extra sauces*, en inglés). Considero que, en circunstancias como la presente, debemos ser asertivos; es decir, tener la habilidad de expresarnos adecuadamente, sin hostilidad ni agresividad, saber transmitir nuestras emociones frente a la otra persona, decirle lo que pensamos y sentimos en tal forma que no la dañemos. PFE, una vez más, saliste vencedor.

TRASLADANDO AL ENTREVISTADOR HOWARD COSELL

En este episodio les contaré que tuve gran honor de trasladar al famoso entrevistador y comentarista deportivo Howard Cosell. Fue en el año 1989 y me encontraba trabajando en la parte oeste de Manhattan West End. Había dejado a un pasajero en dirección a Downtown 70 Street. Continuaba bajando a la altura de la 65 street. Diviso a una persona que levanta la mano. Observo bien y me percato de que era nada menos que Mr. Howard Cosell. Al instante lo reconocí, diciéndome: «Llévame a la 67st entre 3av y Lexington», así que inicié el servicio.

Empezamos la plática. Le manifesté que me gustaba ver peleas de boxeo desde que tenía 7 años. «¡Oh, qué bien! ⬛me dijo—. ¿Y qué clase de peleas de *box* te gusta ver?». «*Heavy weight boxing* (peso pesado)», le dije. Inmediatamente replicó: «¿Cuál de esos boxeadores te gustaba ver pelear?». Le dije que en esos tiempos eran videos antiguos, pero había muchos buenos boxeadores, como Rocky Marciano, quien se retiró invicto, era superrápido; también: Jack Dempsey, Sugar Ray Robinson, Joe Frazier, Joe Louis, Muhammad Ali, Jake Lamotta (a quien llamaban Toro Loco). Finalmente al último de los muy buenos: Mike Tyson. En forma amena y con un buen sentido de humor, me dijo: «Me has dado una lección de historia de boxeo». «Gracias por el halago —le dije—, pero "usted es una enciclopedia en comentarios sobre el deporte del boxeo"».

Siguiendo con la conversación me preguntó cuál de los boxeadores hispanos me agradaba más. Le respondí que eran muchos, como

Roberto Duran, Óscar de la Hoya, Salvador Sánchez, Alexis Arguello, Pipino Cuevas, en división de peso *welter*, etc. Todo el trayecto solo hablamos de boxeo; para mí era un gran honor poder conversar con una persona que conoce mucho de ese deporte y, sobre todo, que respetaba mis opiniones y comentarios. Cuando llegamos al destino se despidió cortésmente diciéndome: «Que tengas un buen día, contigo he tenido una muy buena conversación. Me voy satisfecho por haber podido compartir el tema del boxeo, PFE, con una persona que definitivamente, conoce el deporte del boxeo». Ya se imaginan cómo me sentí con esas palabras tan halagadoras.

EL ATAQUE DE LAS TORRES GEMELAS

Para cambiar de tema, pese a que hubiese preferido no recordarlo, contaré la historia que me tocó vivir aquel fatídico 11 de septiembre de 2001. Era de mañana. El día estaba muy bueno, el sol irradiaba toda la ciudad de Nueva York. No llovía, había cielo despejado, un excelente día para trabajar.

Como era mi costumbre, llegué temprano al aeropuerto LGD, por lo que estaba en los primeros lugares para salir con un cliente. Sube una pasajera que me dice: «Llévame al 225 Liberty street Downtown». Comienzo el trabajo, en el camino ya para pasar por el puente Triborough Bridge. La pasajera pregunta que cuánto más o menos nos vamos a demorar hasta llegar al lugar mencionado. Le contesto: «Si el tráfico está bueno y despejado de autos, estaremos llegando aproximadamente en 35 a 40 minutos». Afortunadamente el tráfico estuvo fluido, estaba próximo a concluir el trabajo. En momentos que me encontraba en la esquina de Liberty y la calle West Street, sentimos una explosión y caían fragmentos de cemento en el lado opuesto de mi carril y frente de mí, ascendiendo humo blanco y negro; tan es así que miré el lugar donde iba a dejar a la pasajera y también se cubrió del humo. Automáticamente, el semáforo colapsó. Hice un giro en U para alejarme, y a dos cuadras automáticamente parqueé el auto al lado derecho, salí del auto y miré que un avión se había estrellado en la parte superior de uno de los edificios gemelos.

La pasajera que llevaba atrás, bajó la luna de la ventanilla e instintivamente sacó la cabeza y direccionó su mirada.

11 de septiembre del 2001, las Torres Gemelas destruidas. Hacia el desastre, entró en un estado de crisis de nervios: «¿Qué está pasando!», gritó en forma desesperada. Luego de la explosión se veían las llamas de fuego y los restos del edificio tirados por las calles. Le dije a la pasajera que subiera rápidamente su luna porque se venía la nube de polvo. Luego de acatar mi pedido, no me quedó otra que acelerar a toda velocidad para alejarnos lo más rápido posible de la escena del ataque.

Las calles se volvieron un loquerío: la gente corría despavorida de un lado a otro; los autos también trataban de alejarse del lugar, generándose un congestionamiento vehicular atroz, nunca vi tal tráfico. Aún más empezaron a aullar las sirenas de los carros patrulleros, ambulancias, y bomberos. ¡ERA UN DESCONCIERTO TOTAL!, una escena macabra que por más que he querido no he podido borrar de mi memoria, a pesar del tiempo transcurrido (parece que hubiese sido ayer). La clienta que transportaba se puso histérica... Decía: «Mi mitin... (reunión de ejecutivos). No puede ser».

«Esta mujer se está preocupando en una simple reunión», analicé, en lugar de pensar en la cantidad de personas que en esos instantes estaban muriendo, producto del impacto del avión y otras morirían calcinadas como consecuencia del incendio desatado en el edificio. Aun así me seguía jalando del brazo derecho, debía actuar rápido. Decidí continuar conduciendo con mi brazo izquierdo (afortunadamente tengo la destreza de manejar con los dos brazos igual). «PFE, tienes que calmarte». A pesar de las escenas de caos y pánico extremo que cundían en las calles, sumado con la crisis de nervios de la pasajera, tuve que hablarle enérgicamente: «¡Me va a hacer chocar! ¡No me jale el brazo, por favor, serénese!». Increíble, fue peor. La mujer seguía gritando: «¡Señor, diríjase hacia la próxima salida!». No me quedó otra que hablarle con mucha fuerza: «¡Hágame el favor de serenarse. Observe el caos de la calle. Estoy tratando de alejarme del peligro para ponernos a buen recaudo!». Más increíble, me pidió que la llevase al lugar donde estuvimos hacía un rato. A mi parecer, la señora no estaba en sus cabales. Tal vez producto de su nerviosismo, se bloqueó y actuaba de una forma como trastornada, seguía en *shock*.

Con la experiencia que tengo de conocer las calles de NYC, pensé rápidamente, retomando nuevamente el camino para Downtown. Sabía que iba a estar el tráfico completamente congestionado. Así fue. Afortunadamente, dentro del caos que se vivía, poco a poco nos fuimos alejando del lugar del accidente. Mayor fue nuestra sorpresa cuando al prender la radio, escuchamos la noticia que un segundo avión había impactado el otro edificio de las Torres Gemelas. Seguía conduciendo por el FDR, cuando súbitamente un agente de policía se puso en medio del FDR y todos los autos salimos por la 49ST. En ese momento hablé bien claro a la pasajera. Ella continuaba con su celular tratando de comunicarse probablemente con su empresa, pero fue en vano.

Todo había colapsado y ella no paraba de llorar. Le platiqué de una manera más suave para calmarla, le manifesté que yo había experimentado dos apagones en NYC, uno en el año 1977 y el otro, en el año 1994. Le estaba diciendo en ese momento del desastre que yo era un chofer experimentado y que guardara la calma: «Lo mejor por hacer es que usted ponga seguro a su puerta, no la abra para nada, no baje su luna. Le digo una cosa muy importante: con la desesperación que estamos viviendo en la calle, habrá personas que en forma desesperada me pedirán que las lleve. Con el caos son capaces de golpear mi auto, aplicar patadas. No sabemos cómo pueden reaccionar, pero por favor no abra su puerta». Afortunadamente, me hizo caso y se calmó. «Ahora lo mejor es que, dado el caos y lo incierto de la situación que estamos viviendo, es preferible que vaya a su casa», a lo cual accedió. Inmediatamente le pedí que anotase la dirección de su destino en un papel. Al entregármelo me percaté de que vivía en Connecticut.

Así que emprendimos rumbo hasta esa localidad. En condiciones normales ese recorrido demora aproximadamente 1 hora y 30 minutos, pero por el congestionamiento vehicular el avance se tornó muy lento. Al final el viaje duró 5 horas. Al dejarla en la puerta de su casa se disculpó por las reacciones que tuvo, dándome las gracias. «No se preocupe, nosotros somos los supervivientes», le dije.

En este trabajo, puse toda mi energía, alma y corazón, saliendo airoso. Una vez más, PFE, puedes decir: «¡Misión cumplida!». Un servicio que inicialmente debía durar 50 minutos al final se convirtió en 15 horas. Gracias al Todopoderoso llegué a mi apartamento a las 11:00 p. m., sano y salvo, y tengo la dicha de narrarlo después de 21 años. Puedo decir que cumplí con la asistencia humanitaria, que son un conjunto de acciones cuyo objetivo principal es salvaguardar la integridad de la persona. Asimismo, requiere del despliegue de una logística especial, en la que prima la inmediatez y oportunidad de la respuesta.

EMOCIONANTE, GRACIOSO Y SUSTANCIAL

De acuerdo con lo que expliqué anteriormente, en ciertas ocasiones adopté como costumbre grabar las conversaciones que mantenía durante el recorrido con algunos clientes de cierta relevancia. Lo hacía por *hobby*, pero también pensando en que, si algún día decidiera plasmar mis aventuras del taxi amarillo en un libro, sería más fácil poder recordar con lujo de detalles, los hechos más relevantes, sin perder ningún acontecimiento.

Era un invierno del año 1992, me encontraba trabajando en el Borough de Manhattan. Conducía dentro del Central Park South, en dirección hacia Columbus Circos, cuando súbitamente me paran 4 pasajeros. Por su aspecto físico, rápido los identifiqué, intuyendo que se trataría de personas dedicadas a trabajos profesionales de la comunicación.

En muchas oportunidades he transportado periodistas de diversas partes del mundo. Dicho y hecho, no me equivoqué, eran periodistas, dentro de los cuales estaba nada menos que Geraldo Rivera, periodista de investigación y presentador de programas de entrevistas. Fue un gran momento para mí. Mr. Rivera se ubicó en el centro del asiento posterior. Como era de esperar la conversación, mantenida entre ellos, era sobre programas de televisión: programa nocturno CNBC, Seinfeld, etc. Fue un momento muy agradable, no podía creer que llevaba en mi taxi a alguien a quien había seguido su carrera como entrevistador. Ha tenido muchos éxitos en su trayectoria periodística. Me impresionó mucho aquella oportunidad cuando entrevistó a Charles Milles Manson, criminal sectario; además de ser psicópata, líder de un grupo satánico.

La carrera de Mr. Rivera ha sido plagada de muchos éxitos: como presentador de programas de entrevistas, comentarista político conservador y personalidad de la televisión, mejor conocido por sus reportajes sensacionalistas y su tendencia para incluirse en las historias. Cuánto me hubiese gustado mantener algún diálogo con él... Desafortunadamente no se presentó la oportunidad, pero sí conservo la grabación de lo que charlaba con las otras personas que viajaban con él. Lo conservo como un gran recuerdo. Espero y deseo que sigan sus éxitos.

FRUSTRACIÓN DE FANTASÍA SEXUAL

Esta experiencia me tocó vivirla en el año 2008. También la llamaría *Propuesta indecente*, pero primó la ética profesional. Me encontraba en el Borough de Brooklyn, estaba retirándome rumbo a mi apartamento, luego de una jornada más de trabajo, cuando veo que súbitamente sale una mujer de un club nocturno, alza la mano y paro. Me pegunta si la puedo llevar a New Jersey. Tranzamos precio y empiezo el recorrido. Como suele pasar durante el trayecto, intercambiamos conversaciones.

Al llegar a su casa, en instantes que paga por el servicio, pude percatarme de que se había despojado de la parte superior de su ropa, dejando al descubierto su pecho desnudo. Lo más sorprendente es que, además, tuvo la gracia de darme una gran propina de 50 dólares. Luego de darle las gracias por su cortesía me dice: «Todo tiene su retribución en esta vida». Cuando estaba desconcertado por no saber a qué se refería, agregó diciéndome: «Mira, papi, estamos parqueados en el garaje de mi casa, no hay nadie, quiero hacer el amor esta noche. Con su permiso ¿aceptaría?».

Cuando volteo completamente mi cabeza hacia atrás, atino a verla, con la gran sorpresa de que estaba completamente desnuda. La quedé mirando y le dije: «Su proposición es tentadora e interesante, pero no es mi estilo de vida». Pensé que ahí quedaría todo, pero dijo: «¡Caramba! Cuando usted estaba transportándome le sentí una energía a varón o me he equivocado!». Inmediatamente le respondí: «Escuche, amiguita, en estos momentos, yo tengo la suficiente fornitura (una buena arma) para llenar tu apartamento». Al parecer

101

me entendió, luego interrumpiéndome: «¡Pare! Dame unos segundos para ponerme mis ropas».

Cuando concluyó de vestirse salió del taxi, tiró la puerta y se fue renegando diciéndome: «¡Piérdete, maricón de mierda!». Yo lo único que hice fue reírme, y mientras manejaba, decía entre mí: «PFE, todo lo que uno tiene que soportar...». Pero al final quedé tranquilo conmigo mismo; conservo mis principios morales que me inculcaron mis padres desde pequeño.

Tomo el asta de la bandera del taxi amarillo, dejando bien en alto su prestigio con muy buenos estándares de atención. Muchas personas, como la dama de este relato, creen que el taxista es un nómada errante o primitivo.

Cuán equivocados están.

ADICTO A LA HEROÍNA

A esta historia la llamaría *Heroinómano mentiroso*. Eran mis primeros años como taxista profesional, me encontraba en el aeropuerto LGD. Estaba primero en la línea, ya para recoger un pasajero. Ese día estaban retrasados los vuelos, como suele suceder en muchas oportunidades. De pronto se acerca un pasajero completamente apurado diciéndome: «Tengo una emergencia, señor». Cuando le pregunto cuál era la emergencia, respondió que su esposa estaba con dolores de parto por lo que necesitaba llegar urgente al Bronx, por el puente Triborough Bridges. No lo pensé mucho y le digo al cliente: «Suba al taxi, amigo, que voy a tratar de colaborar con usted».

Comienzo el viaje y al llegar a su destino, dijo: «Espéreme un momento, entro y salgo. No me voy a demorar ni dos minutos». Dicho sea de paso, el lugar donde paramos no era muy bueno; por respeto al vecindario no menciono la calle. Mientras lo esperaba detuve el taxi en una esquina, observándolo que dobló en la siguiente esquina, pero no pude visualizar la casa en la que había ingresado. A los pocos minutos regresó el cliente y subió al taxi nuevamente. Comienzo a conducir raudamente, y me dice: «Llévame nuevamente al aeropuerto LGD». Ok, continúo el viaje. Por tocarle la conversación y llevarle la corriente le pregunto: «¿Cómo sigue su esposa?». «Bien», me dice.

Continuaba manejando cuando de un momento a otro escucho un ruido como de una liga. Lo miro por el espejo retrovisor, percatándome de que sostenía en su mano una jeringa que presionaba para retirar el aire hacia la finalización de la aguja. Se iba a inyectar supuestamente una droga. Me quedé completamente callado, (a mis autos nunca le pongo partición). En ese instante la mente de uno piensa a mil por segundo. Tuve que actuar con mucha cautela: «Si lo presiono puede estar infectado con el sida VIH». Decisión: seguí manejando más rápido, pensé que le podía agarrar el efecto de la droga dentro de mi taxi. Tengo entendido que se ponen en un estado de inercia. Mejor llegar pronto al destino, cuando más rápido mejor. En fin, acabé el viaje y lo dejé en el aeropuerto.

En resumidas cuentas, este oficio tiene sus peligros en los momentos menos esperados. Cómo la angustia por consumir una droga llega a malograr la vida de las personas, incluso, inventando una mentira tan delicada (que tenía una esposa en estado de gestación) para inyectarse la droga lo antes posible. Qué lástima, hasta dónde pueden caer las personas drogadictas.

OFRECIMIENTO DE TABACO TIRADO A LA BASURA

En una mañana de invierno del año 1996, me encontraban en el aeropuerto LGD. Sube un pasajero. Suele suceder en ciertas oportunidades, que el cliente te solicita hacer una parada adicional, a lo cual acepté. Dijo que quería parar en un *smoke shop* (lugar donde venden tabaco).

En el camino del viaje entramos en un tema de conversación. Me contó que había llegado a NYC con el propósito de hacer una transacción de negocios sobre caballos. «Toda mi vida, me dijo, la he pasado en esta clase de negocios». Total, llegamos al lugar antes mencionado. El cliente llega al lugar (se demoró unos minutos), retornó a mi taxi ya con otro ánimo.

Prosigo el viaje y en el camino consulta si yo alguna vez había consumido tabaco. Yo le digo que no, y me explicó que a toda su gente que trabaja para él en las caballerizas les da tabaco, para que trabajen fuerte y no se cansen. Acto seguido me enseña en su palma extendida una pequeña bola y dice: «Esto es tabaco. Si tú deseas te la pones en la última muela de tu mandíbula superior, cubierta por tu cachete, lo mantienes por 20 minutos. Trata de mantenerlo siempre entre tu última muela y la piel del cachete y verás cómo vas a sentir un cambio fuerte en tu estado de ánimo y podrás trabajar unas 15 horas sin cansarte». En fin, le acepté la bola de tabaco, le di las gracias, le dije que más adelante lo iba a probar.

Por supuesto llegando a mi casa la boté a la basura. Sinceramente yo nunca he necesitado de nada en mi cuerpo para ponerme fuerte. Son experiencias que se presentan día a día y uno tiene que saber dilucidar con astucia y perspicacia.

LEYENDA DE LA COMICIDAD

Un día que tuve la suerte dichosa de recoger a uno de los cómicos que yo había visto cuando era niño, era el famoso Mickey Rooney.

Me encontraba trabajando en el Borough de Manhattan, una mañana placentera. Era como un cuarto para las 8 de la mañana. Conducía mi taxi ya por la 71s Street; en la parte del East ya estaba aproximando para llegar a la 5 Av., cuando de un momento a otro siento un silbado fuerte y picaresco. Veo por el espejo retrovisor y observo a un señor de baja estatura que venía caminando a un paso regular. El cliente alzaba la mano como para que yo retrocediese. Bueno, entendí su señal y comienzo a dar en reversa. Cuando lo veo cara a cara identifico que era nada menos que el famoso comediante Mickey Rooney.

Lo miro sorprendido y le digo: «¡MICKEY ROONEY!». «Sí, yo soy», me responde. «Es un placer servirlo. ¿Para donde lo llevo». «Llévame al hotel Plaza». En el camino comenta: «¿Cómo tú me conoces a mí?». Le comienzo a conversar que cuando yo era un niño lo vi actuar en la TV, trabajando en un grupo de chicos que le llamaban La Pandilla. «Yo me carcajeaba con las improvisaciones que realizaban». «Oh, te ha gustado la comedia por la TV». «Así es, Mr. Rooney, y déjeme hacerle una pregunta: ¿cómo así comenzó a actuar de niño en la TV?». «Yo era un niño muy extrovertido, amante de la actuación, y tuve la oportunidad de trabajar desde pequeño en la TV». «Oh, qué bien», yo estaba fascinado. Hasta que llegamos al hotel y se despidió muy cortésmente.

Para mí fue un trabajo placentero y memorable porque pude transportarme por segundos a mi infancia. Vaya, qué momentos imborrables uno pasa en el taxi.

TRASLADANDO AL ACTOR SIDNEY POITIER

Esto me sucedió el año 2009. Estaba trabajando en el borough de Manhattan, eran como la 01:00 de la tarde. Iba en dirección *up town* en Madison Avenue. De pronto, estiró la mano en la calle 67 una persona alta, varón. Lo primero que vi fue su aspecto físico y su cara, y rápido lo reconocí.

Era nada menos que el actor Sidney Poitier. Subió al carro y le dije: «¿Mr. Sidney Poitier?». «Sí, yo soy», afirmó, preguntándome luego: «¿Cómo me reconociste?». «Yo lo vi actuar en muchas películas, como aquella que se llamaba *Fuga en cadenas*, cuando actuaste al lado de Tony Curtis». «¡Oh, qué bien!», dijo. «¿Está de paso acá en Nueva York o reside en otro estado?», le pregunté. «Yo siempre he vivido en las Bahamas». «Oh, qué bien». «Por favor, llévame a la 83 Street, déjame allá por Madison». Continué el diálogo preguntándole: «¿Qué le parece Nueva York?». «Me gusta esta avenida —respondió— por su diversidad de tiendas, en las cuales se consiguen buenos productos. Hoy estuve caminando más o menos un rato bastante considerable y voy a ese lugar porque probablemente voy a reunirme con otras personas». Llegamos al lugar, lo dejé y le expresé: «Es un placer haber servido a una persona del entretenimiento mundial en muchas películas». «Ok, bien, amigo», se despidió muy amable.

Fue un día feliz porque no imaginaba recoger a un actor que antes vi en la pantalla y ahora lo pude transportar en persona. A veces mi trabajo parece un sueño de fantasía.

TRANSPORTANDO A UN EX CAMPEÓN MUNDIAL

Esta historia la llamaría *Recogiendo a un ex campeón mundial que nadie quería llevar*. Me estoy refiriendo al famoso Aaron Pryor. Debo precisar, antes de iniciar este relato, que, en los Estados Unidos, en décadas pasadas, existía mucha discriminación racial y este exboxeador es de tez oscura... Pienso que nadie lo quería transportar porque no sabían de quién se trataba.

Estaba manejando por la Quinta avenida más o menos, el reloj marcaba las 07:00 de la noche. Era un día de invierno, cuando visualizo a una persona que se encontraba con la mano estirada en señal de querer detener un taxi. Pude observar que el taxista que estaba delante de mí, se hizo como que no lo había visto, más aún el segundo al verlo, aceleró más. Yo estaba en tercera posición y, como yo nunca he sido racista, detuve el taxi para recogerlo. Grande fue mi sorpresa. Cuando lo miro bien me percaté de que era nada menos el ex campeón mundial Aaron Pryor. Le consulto, para estar más seguro: «¿Es usted Aaron Pryor?», «Así es, *cabbi*, el mismo». Y comienza a decirme: «¡Hace más de media hora que estoy parado y nadie para! ¿Qué pasa?».

Por sus reclamos, pude percibir que se encontraba de mal humor. Para apaciguar la situación le expliqué que el alquiler diario de estos taxis es caros, por eso, muchos choferes manejan muy rápido para pagar ese alquiler y no se percatan de algún pasajero que quiere abordarlo. Pero siempre habrá uno que de todas maneras tiene que llevarlo. «En esta oportunidad esta persona soy yo», le dije. Al parecer le gustó mi respuesta, porque empezó a cambiar de humor. Al momento me preguntó de qué país provenía. Le dije que era de nacionalidad peruana y además le conté que tuve la oportunidad de ver las peleas que disputó con el nicaragüense Alexis Arguello. Rápidamente me contestó: «¿Cuál de ellas te gusto más, la primera o la segunda?». «La primera pelea hasta el decimocuarto *round*», le dije.

Luego llegamos al lugar de su destino, pidiéndome que lo esperase 5 minutos. Le contesto: «Por tratarse de tu persona, te esperaré y de paso salgo del taxi para estirar mi cuerpo». No pasaron

ni diez minutos cuando viene de regreso diciéndome que se iba a quedar y que más bien si lo podía recoger a las 2 de la mañana. Le dije que solamente trabajaba hasta las diez de la noche en esos tiempos. Recuerdo que solicitó mi tarjeta para llamarme en otra oportunidad. Adicionalmente me dio una buena propina. Ambos nos despedimos cordialmente y le dije que había sido un placer servirlo.

Agradezco a mis padres que no solo me inculcaron valores, sino también a no discriminar a ninguna persona, y en esta historia lo ratifiqué.

FALSO TRABAJADOR DE MTA

Estaba trabajando en el borough del Bronx, cuando, de un momento a otro, en circunstancias que me aproximaba a una esquina, sale un tipo. Vestía un saco de la MTA, pero su pantalón no coordinaba como usan los trabajadores de dicha compañía, ni mucho menos su calzado.

En esos instantes pasaron muchas cosas por mi cabeza. Pensé y dije entre mí: «Habrá salido tarde de su casa». En fin, siempre con la intuición psicológica del taxista, o pensando sanamente, que iría a recoger su pantalón a otro lugar. ¡Pum! Abrió la puerta el pasajero! y vi que cargaba en su mano izquierda una bolsa. Cuando la puso en el piso trasero, rápido pude notar que eran monedas de un cuarto de dólar, que sonaron como si hubieran descargado un chorro de monedas. «¡CARAJO, dije entre mí, este es LADRÓN!», me dije. Dijo que lo llevara 12 cuadras más adelante, ni saludó nada de nada. Pensé: «Hmmm... Cliente negativo...».

Le comienzo a conversar para analizarlo: «¿Mucho trabajo el día de hoy?». El tipo contesta de una forma despectiva: «Ehh, que yo voy trabajar, me he ganado una buena cantidad de dinero». Por unos segundos traté de pasar como el taxista inocente: «¿Tú no trabajas para la MTA?», le pregunté. Para esto, cuando uno coge esta clase de clientes, se le cambia completamente el sentido del humor. El tipejo contesta todo fresco: «Yo esta ropa la he sacado de la basura. Yo rompo teléfonos...». Hasta que llegamos al lugar que había mencionado, paro el taxi y el sujeto me habla: «Te voy a pagar con un poco de *quarters* (25 centavos de dólar)».

En esos tiempos las personas para hacer llamadas utilizaban un *quarter* de dólar. Para ser más específico nunca trabajo con partición, yo volteo bien mi cara percatándome de que cargaba un fierro largo, ya me había mentalizado; yo no le iba aceptar ese dinero mal conseguido. Fui directo y al saque le digo: «Tú estás obrando de una forma paleolítica». «¿Qué es eso?», dijo. «Solamente te falta cazar un animal, irte a un lugar descampado, buscar dos piedras, hacer fuego y asarte un churrasco». Estaba intrigado, «¿Qué cosa es esa palabra? ¿Paleoqué?». Le comienzo a explicar: «Es la edad más antigua, cuando el ser humano inició la vida humana en este planeta». Ya había tomado cuerpo la conversación: «¡Cómo se te ocurre andar con ese fierro! Te descubre la policía y vas de frente a la prisión y jodiste tu vida por un poco de dinero, o de lo contrario, pasa una persona particular, te descubre rompiendo un teléfono, te llama la atención una persona extraña, tú le contestas, como dicen muchas veces acá, «no son tus negocios», te arma la bronca, le metes un fierrazo, o de lo contrario te quitan el fierro. Estás jugando con tu vida y tu libertad».

El tipejo quedó mirándome, y me dijo: «Es verdad, yo debo estar loco por lo que estoy haciendo. Es que no consigo trabajo…». Sigo con el hilo de la conversación: «Acá en este país existen centros de higiene mental, salen en los periódicos y te pueden orientar, y al final te encaminan y tu vida puede tomar otra dirección. No es que yo quiera imitar a la Madre Teresa o al cura consejero». Me insiste: «Tome esta porción de *quarters*». Le contesto: «No, amigo, ese dinero es inaceptable. Abra su puerta y piense lo que yo le he conversado». «Gracias, amigo, tendré en cuenta su conversación», me dijo y se marchó.

Puedo decir que son experiencias de momentos aciagos, y no me iba a manchar las manos con un dinero que era malganado.

RECOGIENDO AL ACTOR ANTHONY QUINN

Era aproximadamente el año 1997, me encontraba trabajando en el área del lado oeste de Manhattan; ya el reloj marcaba como pasado el mediodía, tratando de buscar un espacio para cuadrar mi taxi y almorzar, estaba llegando a la finalización de la calle 86 en la parte este, muy cerca al río Hudson, cuando de un momento a otro visualizo una pareja en la puerta de un edifico, con un coche de bebe, esperando taxi. El portero del edificio que los acompañaba alzó el brazo para que yo pare.

Efectivamente detengo el taxi, miro bien al varón, dándome con la grata sorpresa que era nada menos el famoso actor Anthony Quinn. Sinceramente, grande fue mi alegría al saber que en esos momentos yo lo iba a servir, más aún, como observé que lucía una persona ya de la tercera edad, puse el taxi en parquin, saliendo rápidamente del auto para ayudarlo con el coche del bebé. Automáticamente le mencioné su nombre, Mr. Anthony Quinn, —El mismo que viste y calza—, me dijo. Seguimos dialogando. —No voy muy lejos déjame en la 86 y Lex—, dijo. —Así vaya usted a una cuadra yo lo llevo con mucho gusto —le dije— porque ha sido un buen actor de fama mundial, en la actuación del cine.

Él me preguntó de qué nacionalidad era, le conteste: —Soy peruano y radico veinte años en esta gran urbe—, hasta que llegamos a la finalización del viaje y le manifesté que para mí había sido un placer servirlo. Agradeció cordialmente mi atención. Los trabajos increíbles que uno realiza en esta gran manzana, realmente es como un sueño.

EXSACERDOTE RENUNCIÓ AL CELIBATO

Como un día más, me encontraba trabajando en la ciudad de NYC. Inesperadamente, como suele pasar muchas veces, sube un pasajero. Me indica la dirección de su destino y comienzo a transportarlo. En el trascurso del viaje se sentía un silencio absoluto, realmente existen muchos viajes que se desarrollan en completo silencio, como el presente. Pero de un momento a otro el pasajero que transportaba dice: «*Cabbi*, le puedo hacer una pregunta». «Sí, por supuesto, dígame». «¿Usted cree en los hombres vírgenes?». Le contesto: <En esta vida todo es posible, pueden existir hombres vírgenes y desarrollan toda su vida dentro de ese estilo, como también mujeres vírgenes que viven a lo largo de toda su vida de esa forma, y mueren vírgenes».

El pasajero guardó por unos momentos silencio y me comenzó a relatar una parte de su vida, en la cual este señor había sido exsacerdote. Por la forma de su relato experimentado, se notaba que se había liberado de muchas experiencias impúdicas:

«Escuche, *cabbi*, yo predicaba la palabra de Dios. Durante mi carrera como sacerdote realicé muchos bautizos, matrimonios, confirmaciones. Me trasladaron a diferentes iglesias, hasta que vino una resolución para transferirme a un colegio de mucho prestigio en el cual mi posición era la docencia. Enseñaba el curso de religión a los alumnos de secundaria y pude observar que también existía profesorado femenino.

No pasó ni dos semanas y me doy con la ingrata sorpresa que una de las profesoras regresaba al colegio a las 9 de la noche. Vivía con un sacerdote todo el fin de semana, y en la habitación que yo vivía colindaba con la de este sacerdote, y podía percibir las relaciones completamente escandalosas e insoportables de este sacerdote. Automáticamente puse mi queja ante el monseñor, que era la máxima autoridad en ese colegio. Me escuchó …. y se pronunció. "Hermano, si usted no está en pecado, déjelo que él viva su vida, nosotros no podemos cambiar al mundo". ¡Definitivamente se trataba de una persona severamente ¡indulgente! Dadas esas respuestas, renuncié al sacerdocio y me liberé de presenciar escenas infames, que no estaba de acuerdo con el juramento que hice cuando me gradué de sacerdote».

Le pregunté que cómo se sentía ahora: «Bien, ya me casé y me convertí en hombre completo».

Le deseé que viviese su idilio tranquilamente en armonía eterna, hasta que llegamos a la finalización del viaje. Se despidió cortésmente. Vaya, todas las historias alucinantes que uno tiene que escuchar inesperadamente.

RECOGIENDO A UN JEQUE ÁRABE

En esta oportunidad, me encontraba en Time Square, en la 47 Street. Era fines de verano del año 2018, cuando un señor de aspecto árabe, para el taxi y me pregunta si conozco el zoológico del Bronx. Le contesté afirmativamente y me dijo que lo esperara un momento ya que su esposa se estaba acercando. Luego me manifestó si podía hacerle un servicio de algunas horas. Lógico acepté, e hicimos trato. Al salir del zoológico, me contó que le gustaban mucho los animales. Por curiosidad le pregunté qué especie de animales le gustaba más. Me manifestó que le gustaba toda clase de animales. Me propuso, si podía servirlo en la semana. Yo acepté su proposición.

Al día siguiente lo llevé a la Universidad Columbia University; estuvo conociendo la universidad. Luego de unas horas me pidió que lo llevara al centro de Harlem. Yo como conocedor de la ciudad lo lleve a la 145 Street y a la 7ma Ave. Me manifestó que en su país no había fluidez de gente morena, siendo Harlem un lugar netamente de gente de color. Luego me pidió que lo llevase a un restaurant cuya propaganda es un marinero con una pipa en su boca y que venden pollo. Yo no entendí a qué se refería, y adivinando descubrí que era la cadena de pollo Popeye. Me hizo énfasis en que esos restaurantes no existen en su país. Al salir del restaurante me pidió que lo llevara junto a su esposa, a algún lugar donde ellos pudieran comer a la intemperie y así, disfrutar de la gente.

Nos pusimos a dialogar, y me dijo cuál eran los lugares más atractivos por esa área. Le comuniqué que estábamos cerca al YAKEEM STADIUM. Me manifestó que nadie juega béisbol en Arabia; más aún, hilando la conversación le conté que estábamos cerca de la finalización del Central Park y si le gustaba podía darle una mirada, como también a otro de los puntos de atracción, la iglesia en la 111 y de Ámsterdam que se llama San Juan Divino, donde van todos los feligreses cristianos. Me contestó que solo estaba interesado en ver un poco el Central Park, que esas iglesias cristianas no estaban dentro de su cultura. Luego bajaron y tomaron foto por el parque cerca de una hora. Cuando regresaron me pidió que los llevase al hotel, y me contó que estaba interesado en ver acuarios. Le sugerí que en Brooklyn existe el acuario más grande de NYC. Quedamos de acuerdo para el día siguiente.

En el viaje como suele suceder tuvimos una plática muy amena. Le pregunté a qué se dedicaba en Arabia. Me dijo que tenía un negocio familiar de refinería de petróleo en Australia. Al decirme eso le quise jugar una broma suave y le dije: «No me vaya a decir que usted es un jeque árabe…». «Así es, amigo», me dijo. Luego me manifestó que él podría quedarse en un hotel de mayor prestigio, pero no le gustaba estar rodeado de muchas narices arriba, o sea, de gente pudiente. Ellos querían disfrutar de la atmósfera y el ambiente sustancial del mismo corazón de Times Square. Cuando finalizó el viaje, me dijo que si yo estaba de acuerdo en llevarlo al acuario: «Claro, cuente con mis servicios».

Al día siguiente quería experimentar en ir al mejor restaurante de carne asada, ya que estaba curioso de ver cómo comen la carne en América. Le conversé que conocía el restaurante Spartan. Lógico, me comentó que por su religión ellos no comen carne de res, y probablemente en ese restaurante iban a encontrar buenas ensaladas. Para sintetizar los llevé al acuario de Brooklyn, al restaurant. Se quedaron maravillados e impresionados por los precios de los vinos, que eran exorbitantes porque se los ofrecieron de 2000,00$ a 5000,00$.

Afortunadamente su religión no les permite ingerir licor, me dijo, y me entregó una caja que contenía un tremendo churrasco. Por regla general, cuando yo trabajo no acepto comida. Hice una excepción, la guarde para que no se sintiera mal. Luego me pidió que los llevase al aeropuerto y al final tuvo un detalle especial. Me dijo que mi teléfono lo iba a poner en su WhatsApp, que si algún día visitaba Arabia (Libia), que lo fuera a ver, pues se llevaba muy buenos recuerdos de la ciudad de New York. Una vez más, por razones de trabajo quedan amistades que en un tiempo futuro podría visitar.

Parafraseando a *El Principito* diré: «No sé cómo terminará mi historia, pero en mis páginas nunca leerás que me rendí».

RECOGIENDO A UNA EJECUTIVA, ABUSADA DE VIOLENCIA DOMÉSTICA

Esto me sucedió un día lunes 13 de febrero del 2012. Comenzaba mi semana temprano, a las 7.20 de la mañana. Subió al taxi mi segundo pasajero. En fracciones de segundo hice una mirada visual. Se notaba que era una pasajera ejecutiva. Dicho y hecho, cuando me designó la dirección, se dirigía a Broadway y Wall Street.

En el trayecto del viaje reinaron como unos 8 minutos de absoluto silencio, pero de un momento a otro pude escuchar que la pasajera se encontraba secando algunas lágrimas. Lo pude ver por el espejo retrovisor en la cual tuvimos un contacto visual. Al momento me empezó a narrar que no había tenido un buen fin de semana y que si no me importaba quería narrarme su historia. Yo caballerosamente le dije que el taxista neoyorkino es como un psicólogo, «y si usted tuvo un mal momento, adelante, es mejor que lo exteriorice y se va a sentir mejor. Cuénteme su mal momento, ¿qué pasó?» «Escuche, amigo taxista, yo originalmente soy de North Dakota. Llegué acá a New York a especializarme en una maestría. Me fue absolutamente bien, hasta que conocí a un abogado malvado. Hace un año que estamos viviendo juntos. Al principio era un caballero, de un momento a otro cambió su personalidad. Van dos semanas que me agarró del cuello y me ha tratado de ahorcar».

En en ese momento yo intervine: «Pero así no se trata a una dama. Esa pareja que usted tiene se le puede pasar la mano y cualquier día la puede matar», le dije y también le pregunté: «¿Usted llamó a la policía?». La pasajera contestó: «¿Qué dirían los vecinos?

Nosotros vivimos en la Quinta Avenida». Ya como había tomado cuerpo la conversación le dije si tenía hijos con ese señor. Me contestó que no. Pensé un rato, y le digo: «¿De quién es el apartamento?». Automáticamente me contesto: «Del desgraciado que tengo de pareja». Se quedó callada unos momentos.

Yo sinceramente tomé un poco de aire profundamente, ya casi estábamos llegando a la finalización del viaje. Acto seguido le hago un comentario y le digo: «¿Me permite darle un consejo?». La pasajera me contesta que sí. «Como yo la escucho, usted tiene una relación tóxica y nociva. Él no es su siamés, usted vino al mundo sola, y su figura es elegante, más aún sus rasgos faciales lucen interesantes. Lo primero que tiene que hacer: aléjese rotundamente del individuo, cambie de trabajo, si es que trabajan juntos; también cambie su número de teléfono y comience una nueva vida. Exclúyalo para siempre fuera de su mundo. Acuérdese de estas palabras: el mundo es muy grande y rico a la vez». La pasajera me contestó: «Voy a tratar de seguir sus consejos». Al final sonrió y dijo: «Qué buenos taxistas tiene la ciudad de New York».

OFRECIMIENTO FRUSTRADO

Era una mañana de marzo del 2015. Me encontraba trabajando en Manhattan. Como de costumbre estaba el *russ hour* (hora punta), con muchos pasajeros que suben y bajan. Me dirigía en dirección hacia el este dentro de la calle 42 y la Quinta Avenida.

De un momento a otro un pasajero varón trató de abrir la puerta del copiloto. Lo quedé mirando fijamente y le pregunté: «¿Cuántos pasajeros son?». Me contestó que solo era él. Le continuo la conversación y le manifiesto: «Señor, siéntese atrás». Me refutó suavemente, insistiendo si podía sentarse adelante. Le contesto que, conforme a la ley, si son cuatro pasajeros uno obviamente debe sentarse adelante. Como chofer experimentado le manifesté que debería sentarse atrás, ya que era solo un pasajero.

Acto seguido accedió y me indicó que lo llevara a la parte financiera (Broad Street y wáter). Comienzo el viaje cuando, de un momento a otro, escucho que el pasajero estaba llorando. Lo quedé mirando por el retrovisor y le pregunto: «¿Tiene algún problema?». Y el cliente me manifestó que era homosexual, y quería tener una aventura conmigo.

Me pongo a pensar y rápido le trasmití mis pensamientos: «Caballero, yo valoro su verdad y su real franqueza, pero sinceramente yo no le podría corresponder si desea tener una aventura dentro de un taxi. Usted puede seguir buscando, y es probable que encuentre su media naranja». El pasajero reaccionó: «Muchas gracias, señor, tendré en mente sus buenos consejos». Automáticamente cambio la dirección del viaje. Me pidió que lo dejara en el FDR y la 34 Street, culminando el viaje.

Como chofer profesional puedo decir de esta experiencia, que se debe tratar a todos los pasajeros por igual, ya que son nuestros conciudadanos.

EJECUTIVO DE ZARA

Una vez más me encontraba trabajando en el aeropuerto JFK. Era un verano por la tarde del 2016. Ya casi estaba por finalizar mi turno de trabajo cuando sube un pasajero. Rápido observé su equipaje y su aspecto físico. Lucía como una persona de los Países Bajos, tipo holandés. Me indica la dirección en Manhattan y dice que lo lleve al 235 West de la 56 St.

Como chofer experimentado sabía que iba a hospedarse en un edificio de ejecutivos; más de una vez he dejado a personas del mundo financiero donde se hospedan por días o semanas. En el transcurso del viaje pronuncia mi primer nombre y apellido —que generalmente por regla oficial nosotros los taxistas de New York City llevamos la licencia y la identificación del medallón en la parte posterior del cabezal del asiento del chofer—. Grande fue mi sorpresa que al pronunciar mi nombre lo hizo en español fluido. Le pregunté de qué país era: «Soy español, de la parte de Galicia», dice. «¡Oh, qué bien!», le sigo el hilo de la conversación. Le comento que yo había estado en Madrid y visité, luego, las islas Canarias. Y al instante me preguntó cuál era mi concepto de los españoles. «Es muy relativo de acuerdo con el nivel cultural de la persona», le dije. «Es la primera vez que vengo a New York City». ¡HE AHÍ!, cuando uno es el chofer taxista tiene que ser como un embajador para que el turista o ejecutivo se sienta seguro, bien orientado y servido con un estilo cordial.

Continuando la charla, me dijo que en este lugar (235 West de la 56 Street) iba a permanecer dos días y luego se trasladaría a Beetkman Place a un hotel. «¿Conoce usted ese lugar?», preguntó. «Absolutamente. En lo que yo lo pueda servir u orientar cuente con el taxi y mi persona». Le di una tarjeta en caso de que se animase a llamarme. «Y si lo hace me llama un día antes para coordinar». Los días pasaron y me vuelve a llamar el ejecutivo: «¿Puede venir a recogerme el día miércoles para que me lleve a Beekman Place?». «Seguro, cuente con mi taxi».

Al día siguiente lo recojo y lo llevo al lugar. «Qué sitio tan silencioso...», dijo. «Manhattan es una diosa encantada», repliqué. Sonrió y bajó del taxi. Sacamos el equipaje. «Estamos en contacto, si lo necesito más adelante lo llamo».

A la siguiente semana nuevamente me llama para que le haga otro trabajo, llevándolo de Beekman Place a Long Slaind City, en Queens (viene a ser la primera ciudad de Queens). En el trayecto del viaje me dice que había venido a trabajar para las tiendas Zara. «Oh, ha venido a trabajar en las tiendas de Amancio Ortega». «Así es, amigo José. ¿Ha escuchado algo de él?», preguntó. «Sé que es un español dedicado al sector textil y se caracteriza por tener un buen valor humano». Luego le consulté sobre su profesión. «Amigo, soy ingeniero en sistemas y a la vez arquitecto». «¡Oh, qué bien. Sé que en Europa mucha gente habla dos o tres idiomas». «Así es, amigo José». Continúo la conversación: «¿Cuántos idiomas habla usted?». «Hablo tres idiomas: alemán, italiano, inglés». Le pregunté si los escribía y respondió afirmativamente. Me di cuenta de que estaba conversando con una persona de un alto nivel cultural.

Al llegar al lugar lo ayudé a sacar las maletas. Para sintetizar lo serví un promedio de tres años y medio. Igualmente tuve la oportunidad de conocer a varios ejecutivos que me resultaron muy buenos ingresos. Al final de haber servido a este caballero ejecutivo por varios años, me llama y me dice: «José, me regreso a Galicia, ¿puede venir a recogerme?». «Cómo no», le digo. Cuando llego al lugar sacamos bastante equipaje. Tomé la dirección para el aeropuerto JFK y en el transcurso del viaje me comenta que ya no iba a trabajar más en New York. «¿Por qué?», le pregunté. «Ya he experimentado trabajar por varios años en Estados Unidos, lo que pasa que soy muy tradicional, muy típico de mis culturas y he decidido retornar a Galicia y vivir permanentemente». Al finalizar el viaje me dice con palabras amable: «El día que usted pise Galicia me llama, tiene ahí un amigo». Le di las gracias: «Si algún día tengo la oportunidad, lo visitaré».

Qué sorpresas agradables tiene uno en este trabajo, donde uno puede hacer amigos inesperadamente.

CUADROS DE PINTURAS VALIOSAS

Una vez más me encontraba trabajando en Manhattan. Era un día viernes 9 de diciembre de 1988, 6 de la mañana. Me dirigía con mi taxi vacío en dirección a Dow Towen por Park Avenida, cuando de un momento a otro me para un portero de un edificio. Junto a él se encontraba una mujer. La señora abre la puerta trasera del vehículo.

Se acercó una tercera persona. Observaron bien el interior del taxi, conversaron y tomaron las medidas dentro del vehículo y lo midieron en una forma diagonal, quedando de acuerdo. Para esto yo nunca he trabajado con división (partición) dentro del taxi. Total, la mujer se dirigió a mí: «Señor taxista, me va a hacer un trabajo superespecial. Vamos a sacar unos cuadros que son bien valiosos, lo colocaremos en su taxi (…), pero por favor maneje bien lento, 20 millas por hora. Nosotros le vamos a pagar muy bien al finalizar el viaje». Tan es así que yo también colaboré con los cuadros al iniciar el viaje como también al finalizar, puse de mi parte todo lo mejor posible para que el transporte del viaje saliese bien. En realidad, el trabajo fue dentro de la isla de Manhattan. Los llevé a un lugar que se llama Traibeca.

Al finalizar el viaje todo salió muy bien. Como es usual cuando el taxista hace un buen servicio, me compensaron con una buena propina. El detalle fue que me pagaron el monto del trabajo, más una buena propina, pero en la cual el porcentaje era que faltaban 2 dólares. Le manifesté a la persona que no se preocupara por el punto principal, que todo había salido bien y me respondió: «Yo realmente le debo 2 dólares, ¿dónde se los podría mandar?». Simplemente le di la dirección del departamento de Taxi Limosin Comisión, y realmente cumplió. Eso fue para meditar y decirme a mí mismo que había personas justas y honradas. Eran mis primeros años como taxista. Reflexioné y grabé en mi mente estas lecciones de ética. «En el transcurso de los años —me dije— haré un libro para enseñar estos valores», me dije.

Estoy cumpliendo este sueño que me trazó mi destino al volante, en la ciudad de Nueva York, volcando todas mis experiencias en un libro que da cuenta de mi lucha por salir adelante. Vaya, qué historias tiene la vida de un taxista...

Para finalizar, guardo la carta que me mandó la pasajera, junto con los dos dólares.

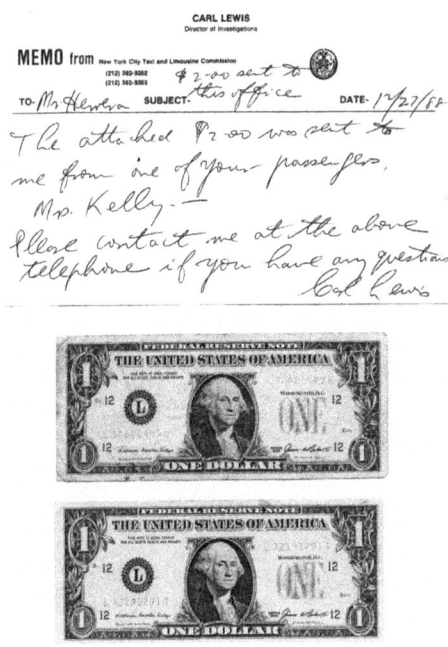

RECOGIENDO AL FAMOSO WALDEREDO DE OLIVEIRA

Como un día más salí a trabajar, era verano. De un momento a otro me para un joven y se acerca rápido a mi taxi por la ventana de conductor. Me preguntó si podía transportar unas pinturas valiosas y que me iba a compensar muy bien; pero el detalle principal era que tenía que manejar con mucha prudencia. Cuando salí del carro y lo pude observar de cerca, noté su aspecto físico. A nosotros los taxistas, cuando ya tenemos más de 20 o 25 años de trabajo, se nos desarrolla la vista fotográfica, en fracciones de segundo podemos determinar qué clase de persona es la que se sienta detrás. Entre los dos pusimos todas las pinturas dentro del taxi y en el camino entablamos una buena conversación. Me dijo que había estado en diferentes partes del mundo exponiendo sus pinturas. Al llegar a la dirección que me había mencionado detengo el taxi y, como yo soy una persona diligente, le ayudé a descargar las pinturas del auto con mucho ciudado. Luego me pagó por el viaje lo que marcaba en el taxímetro; más aún, me quiso compensar con una propina, pero yo actué de una forma más bien sutil y le comuniqué que no me diera ninguna propina. Entonces, como yo me había dado cuenta de que sus pinturas eran impresionantes y con un extraordinario delineado, más bien le pedí que me regalase un catálogo de su muestra diciéndole: «Yo sé que ustedes tienen catálogos, y eso sería la mejor compensación». De inmediato sacó unos catálogos con sus famosas pinturas y me los dio. Desde ese tiempo, yo los guardo con mucho aprecio porque eran unas pinturas espectaculares.

www.ingramcontent.com/pod-product-compliance
Lightning Source LLC
LaVergne TN
LVHW051217070526
838200LV00063B/4931